당신의 방에 아무나 들이지 마라

불편한 사람들을 끊어내는 문단속의 기술

Who's In Your Room?

당신의 방에
아무나 들이지 마라

스튜어트 에머리, 아이반 마이즈너, 더그 하디 지음 | **신봉아** 옮김

쌤앤파커스

인생을 스스로 만들어가고자 하는
모든 사람에게 이 책을 바친다.
인생 여정에서 최선의 자아를 찾으려고 노력하는 동시에,
최선의 자아를 추구하는 사람들과 함께하는 것이
이 책의 목적이다.

당신은 곁에 있는 사람을 닮아간다

"당신이 하나의 방에서 평생을 보낸다고 상상해보라."

이 책의 저자들은 오랫동안 많은 사람들에게 이 아이디어를 소개해왔고 이토록 간단한 개념이 삶을 재구성하는 위력을 발휘한다는 사실에 놀랐다. 많은 사람들이 자신의 방을 시각화한 뒤에 '맙소사'를 외친다. 어떤 이들의 방은 널찍하고 편안한 반면 어떤 이들의 방은 복잡하고 어수선하다. 어떤 이들은 주마등처럼 지금까지의 삶을 다시 사는 것 같은 기분을 느낀다고 한다. 은유적 의미에서 교통사고를 당한 것 같다고 하는 사람이 있는가 하면, 방에서 가장 멋진 부분을 좀 더 자세히 보고 싶어 하는 사람도 있다. 처음 시각화를 시도해본 뒤 사람들은 어떻게 하면 이 아이디어를 실질적인 형태로 확장시켜 삶을 개선할 수 있는지 묻는다.

인간관계는 곧 삶이고, 아주 현실적인 의미에서 당신은 곁에 있는 사람들을 닮아간다. 감정, 상호작용, 믿음, 내적인 삶, 외적인 야망은 당신의 인생으로 초대받은 사람들에 의해 결정된다. 더욱 중요한 것은 당신이 어떻게 관리하느냐에 따라 그 인간관계가 좋아질 수도 나빠질 수도 있다는 사실이다. 따라서 '하나의 방에서 평생을 보낸다'는 첫 번째 아이디어 다음에 한 가지 질문을 덧붙여야 한다.

"당신의 방에는 누가 있는가?"

이 질문은 인생의 모든 관계를 명확하고 솔직하게 이해하기 위한 한 가지 방법이다. 질문 자체는 단순하지만(혹은 단순하기 때문에) 당신을 비롯한 모든 사람의 삶의 세부사항에 적용될 수 있는 무한한 가능성을 지닌다.

어떤 사람들이 당신의 심리적인 방을 점유하도록 둘 것인지, 그들을 각각 어떤 장소에 위치시킬 것인지 의식적으로 선택함으로써 당신이 원하는 삶을 창조할 수 있는 힘을 얻을 수 있다. "당신의 방에는 누가 있는가?"라는 질문에서 시작된 이 책은 뇌과학의 발견과 현대 심리학 및 고대 철학의 통찰력을 결합하며, 삶을 통제하는 일에 있어 무한한 유용성을 발휘하는 도구이다. 이 책을 통해 당신의 방에 누가 있는지 확인하고 그로 인한 영향을 알게 될 것이며, 결과적으로 당신의 방에 아무나 들이지 말아야 한다는 사실을 깨달을 것이다.

이 책에서 소개하는 중요한 기술은 다음과 같다.

- 의식과 무의식을 통해 모든 인간관계를 바라보는 법

- 당신에게 의미 있는 인간관계에 대해 정의 내리는 법
- 당신이 관계를 맺는 사람들(살아 있거나 죽은 사람, 물리적으로 가깝거나 멀리 있는 사람)이 당신의 생각, 감정, 행동에 미치는 영향을 인지하는 법
- 방 안에 있는 사람들의 상호작용을 이해하는 법
- 누구를 방으로 들일 것인지, 그들은 무엇을 가져올 수 있는지, 누구를 문밖에 둘 것인지 결정하는 법
- 방 안의 사람들을 적절한 장소(더 가깝거나 먼 장소)로 이동시키는 법
- 이미 방에 들어와 있는 사람들과 새로 들어오고자 하는 사람들을 관리하는 법
- 자기 방식을 강요하는 불편한 사람들을 다루는 법
- 공격이나 싸움, 자기비하 없이 적절하게 거절하는 법

무엇보다 이 책은 당신의 방에 들일 사람들을 잘 선택하기 위한 효과적인 과정을 보여준다. 당신이 추구하는 가치와 인생의 목적, 다시 말해, 당신이 늘 원했던 삶을 사는 것에 어울리는 최고의 방을 만들기 위한 실용적인 훈련 방법도 소개한다(화살표[➡]로 표시된 부분). 삶의 중요한 순간에 이 질문을 떠올렸던 사람들의 실제 사례도 만날 수 있다. 여기에는 사랑, 우정, 돈, 사업, 불편한 사람들, 한 친구의 표현을 빌리자면 '우리에게 남은 모든 숨'을 후회 없이 쓰는 방법에 관한 내용이 포함된다.

각 장의 마지막 부분에는 "내 방에는 누가 있는가?"라는 질문을 통해 각기 다른 어려움을 극복한 사람들의 이야기가 소개된다. 또한, 자신의 방을 통제하고자 하는 사람들을 수년간 도우면서 저자들이 관찰한 내용과 간단한 팁이 소개된다. 거기에는 '방의 규칙'이라는 제목이 붙어 있다.

"당신의 방에는 누가 있는가?"라는 질문은 다양한 목표, 가치, 꿈, 야망을 가진 각계각층 사람들에 의해 이용되었다. 이제 막 사회로 나서는 초년생들과 인생의 황혼기에 접어든 사람들, 그 중간의 모든 연령대 사람들이 이 질문을 던진다. 이 질문은 사람들이 감정적·정신적으로 건강해지고, 자신의 목표를 명확히 인식하고, 건강한 인간관계를 맺을 수 있도록 돕는다. 사람들은 이 책의 이야기를 자신의 상황에 적용한 뒤 많은 면에서 삶이 더 나아졌다고 말한다.

그 과정은 지금 이 순간부터 시작된다. 이 글을 읽는 당신은 삶을 제한하는 과거의 문제들을 해결하는 것부터 시작해, 미래의 사람들과 어떤 관계를 맺어야 할지에 관한 새로운 통찰을 얻게 될 것이다. 그렇다, 이 질문은 그 정도로 강력하다.

저자들은 평생 사람들이 더 나은 선택을 하도록 돕는 일을 해왔으므로, 이 단순한 은유가 지닌 힘을 알고 있다. 먼저 스튜어트 에머리는 현대 인간잠재력운동Human Potential Movement의 선구자이다. 그는 수십 년간 사람들이 본인의 잠재력을 깨달을 수 있도록 도왔다. 그는 유수의 기업가와 경영진들을 코치하고 지도했으며, 《성공하는 사람들의 열정 포트폴리오》 등의 베스트셀러에 소개된 비전, 가치, 전략, 리더십 목표를 바탕으로 수천 명의 직원들과 수백 명의 관리자들을 이끌어왔다.

아이반 마이즈너는 '비즈니스 네트워크 인터내셔널Business Network International, BNI'의 창립자이자 최고비전제시책임자CVO이다. 연간 사업 매출이 수십억 달러에 달하는 BNI 원칙의 핵심은 타인을 도움으로써 성공을 거두는 기쁨이다. CNN은 아이반을 '현대 네트워킹의 아버지'라고 칭한 바 있다.

더그 하디는 40년간 책, 잡지, 인터넷 매체의 편집자로 일했다. 그는 인적 자본에 초점을 맞춘, 지속 가능하고 발전적이며 인간 중심적인 기업 문화 구축 방법에 관한 18권의 책과 수백 건의 기사를 집필했다.

이러한 경력을 쌓는 동안, 저자들은 모든 삶이 좋든 나쁘든 간에 겹겹의 인간관계로 이루어져 있으며 그 인간관계의 진실을 파헤침으로써 더 나은 선택을 할 수 있다는 만고불변의 진리로 거듭 돌아왔다.

이 책은 당신을 더 나은 삶으로 인도하는 초대장이자 그곳으로 가는 길을 보여주는 안내장이다. 수년간 이 간단한 은유에서 파생된 많은 아이디어들을 시험해왔고, 그 시험에 참여한 수천 명에게 가장 큰 의미로 다가왔던 아이디어들을 정리한 결과물이 바로 이 책이다.

이 책은 당신의 삶을 더 나은 방향으로 이끌, 이미 시험 운전까지 마친 확실한 방법을 제시한다. 그 해답은 삶의 모든 면을 조명하고 변화시킬 것이다. 당신에게는 그 방법을 발견할 능력이 있고, 발견하게 될 것이다. 이것은 단순히 당신을 향한 우리의 약속이 아니다. 스스로를 향한 당신의 약속이 될 수 있다.

차례

당신이 어떤 사람이 될 것인지, 행복할 것인지,

성공한 삶을 살 것인지의 문제는 당신의 방에

누가 있는지에 따라 큰 영향을 받는다.

1장

모두가 한 방에서
산다고 상상해보라

당신이 하나의 방 안에서 평생을 산다고 상상해보라. 그 안에는 당신과 관계를 맺은 모든 사람이 모여 있고, 그들의 기질, 내력, 성격도 고스란히 반영된다. 그 방은 무한히 넓다. 당신은 살면서 만나는 새로운 사람과 가능성을 받아들이는 방식으로 그 방을 업데이트하고 확장할 수 있다. 본인이 원하는 방식으로 그 방을 디자인할 수도 있다.

하지만 당신의 방에는 특별하고 영구적인 특징이 있다. 우선 문이 하나뿐이다. 앞으로도 영원히 문은 하나뿐이다. 당신은 그게 별로 특별하지 않다고 생각할지도 모른다. 문이 하나뿐인 방은 워낙 흔하니까. 그렇지만 이 문에는 한 가지 규칙이 있다. 이 문은 일방통행이다. 입구는 될 수 있지만 출구는 될 수 없다. 즉, 모두 들어오기만 할 뿐 아무도 나가지 않는다. 이 문으로 들어오는 사람들과 그들이 가져오는 짐들은 결코 이곳을 떠날 수 없다. 영원히. 그들과 그들의 짐은 당신의 방에 평생 남게 된다. 이 개념이 중요한 이유는 방에 누가 있는지에 따라 당신 삶의 질이 결정되기 때문이다.

한번 더 짚고 넘어가자. 그 방에 누가 있는지에 따라 당신의 삶의 질이 결정된다. 당신이 어떤 사람이 될 것인지, 행복할 것인지, 성공한 삶을 살 것인지의 문제는 당신의 방에 누가 있는지에 따라 큰 영향을 받는다. 당신이 조화롭고 충만한 삶을 살 것인지, 시끄럽고 골치 아픈 삶을 살 것인지는 당신이 방 안의 사람들을 어떻게 다루는지에 달려 있다.

여기서 잠깐. 이 아이디어에 대해 어떻게 생각하는가? 당신의 방에는 누가 있는가? 눈을 감고 마음속의 방을 둘러보고 재빨리 목록을 작성해보자. 우선 가족과 친구, 직장 동료나 사업 파트너, 이웃, 소셜미디어에 자주 등장하는 사람들을 떠올려볼 수 있겠다. 그들 중 친밀하고 가까운 이들은 누구인가? 또 누가 있을까? 당신의 방에 두고 싶은 사람들, 혹은 제발 거기 없었으면 싶은 사람들은 누구인가?

지금까지 떠올린 사람들을 바탕으로 스스로에게 물어보자. 만약 이 사람들이 내 방에서 영원히 떠나지 않을 거라는 사실을 진작 알았더라면, 방에 들일 사람과 들이지 않을 사람에 관해 지금과 다른 선택을 했을까? 거의 모든 사람이 이 질문을 받은 뒤 '그렇다'라고 답했다.

그들은 결코 떠나지 않는다

여기까지 이해했다면 2가지 중요한 질문이 남는다. 방에 들어온 사람들이 떠나지 않는다는 것을 인지했다면 이제부터 어떤 기준으로 방에 들일 사람들을 선별할 것인가? 그리고 이미 방에 들어온 사람들을 어떻게 다룰 것인가?

이쯤 되면 어떤 사람들은 이러한 전제 자체를 반박한다. "내 방에 들어온 이들이 영원히 그 안에 머무른다는 건 결코 사실일 수 없어!" 하지만 당신이 실제로 하나의 방에서 평생을 보내지 않는다고 하더라도 당신의 마음속에 존재하는 은유적인 방에 사람들이 영원히 존재한다는 건 심리적으로 진실이다. 신경학자들은 이러한 은유가 진실에 가깝다고 말한다. 뇌에 상당한 압력이 가해질 경우 신경활동이 촉발되며, 이것은 애초에 없었던 일처럼 잊히거나 삭제될 수 없다. 단지 점차 흐릿해질 뿐이다.

누군가가 당신을 다치게 하거나 당신에게 못되게 굴거나 당신을 비하한다면, 그들은 당신의 방에 머물게 되고 당신의 뇌 곳곳에 지문이 남는다. 그들의 목소리는 청각정보 처리 부위에, 그들의 얼굴은 시각정보 처리 부위에, 그들의 행동은 기억 저장고에 남는다. 당신이 만난 사람들이 그곳에 닻을 내리면 그들은 영영 사라지지 않는다. 인생에서 멀어지는 사람들도 있겠지만, 그들도 여전히 당신의 머릿속에 머문다. 그들이 했던 말이나 행동은 당신의 생각, 행동, 경험에 영향을 끼친다. 그것도 영원히.

당신은 자신이 어떤 관계를 끝내거나 프로젝트를 종료하거나 한때 믿었던 신념을 영영 버린다고 생각할지도 모른다. 하지만 이러한 사건들은 지울 수 없는 흔적을 남겨 당신의 미래 경험에 다양한 영향을 준다. 그게 좋은 방향이든 나쁜 방향이든, 당신이 원하든 원하지 않든 간에.

당신의 삶에서 사라진 인물들이 종종 꿈에 보이는가? '꿈이 현실처럼 생생했어'라고 말하는 순간, 우리는 인생의 심리적 진실을 인정하는 셈이다. 돌아가신 조부모님과 호숫가에 함께 있는 꿈을 꿀 때, 그 꿈은 조부모님이 어떤 면에서는 여전히 살아 있고 호숫가에서의 여름날은 영원하다는 것을 말해준다.

이러한 깨달음은 나쁜 소식일 수도 있고 좋은 소식일 수도 있다. 다행히 우리 인생에 사고뭉치들만 있는 건 아니기 때문이다. 당신을 진심으로 사랑한 사람, 칭찬한 사람, 훌륭한 조언을 했던 사람도 영원히 남게 된다. 그 방에는 당신의 고약한 형제자매도 있지만 사랑 넘치는 조부모님도 있다.

당신의 과거는 당신의 정신 속에 저장되고, 다가오는 미래의 시간도 차차 과거의 일부가 되어 저장된다. 이미 벌어진 일은 그대로 끝이다. 과거의 사건을 돌이킬 수는 없다. 어떤 행동이 행해지면 그대로 종결이다. 한번 내뱉은 말은 주워 담을 수 없다.

인간관계는 불변의 것이 아니다

이 훈련을 하면서 자주 듣는 질문 중 하나는 "인간관계는 무엇을 의미하는가?"이다. 그건 사람마다 다른 의미로 다가올 수밖에 없는 단어다. 사전적 정의는 '사람들이 서로 연결되어 있는 방식'이다. 다른 의미는 '연결의 질'이다. 자신에게 의미 있는 관계를 유지하고 더 나은 삶으로 나아가는 방법을 알려주려는 이 책의 목적을 달성하기 위해, 인간관계가 무엇을 의미하는지 각자 고민해볼 것을 권한다. 자신의 모든 관계에 대해 깊이 고민하고 그것을 바탕으로 결정을 내릴 것을 지속적으로 권장할 예정이므로 열린 마음을 유지하자. 방 안의 사람들과 당신 사이에 어떤 에너지가 오가는지 계속 점검하자. 그건 부정적 에너지인가, 긍정적 에너지인가? 혹은 보통의 인생이 그러하듯 양쪽의 변화무쌍한 혼합인가?

오래전에 한 행동 때문에 지금까지도 움찔할 때가 있는가? 지인 한 사람은 어린 시절 새로 전학 온 친구를 따돌리고 괴롭힌 적이 있다. 그는 이제 중년이 되었지만 그 순간이 떠오르면 여전히 움찔하며 '왜 그랬을까'라고 중얼거린다. 반대로 행복했던 순간이 문득 떠오르는 때도 있을 것이다. 위대한 배우들은 이처럼 움찔하는 반응, 슬프거나 민망하거나 사랑에 빠져 행복했던 기억을 잘 담아두었다가 시간이 지난 후에 그 순간의 감정을 불러내곤 한다. 무의식이 감정을 잘 기억해두었다가 필요한 순간에 실제 상황처럼 다시 소환하는 이 심리적 반응은 메소드 연기의 열쇠이다. 분명 당신에게도 유쾌한 기억과 별로 유쾌하지 않은 기억이 많을 것이다.

당신이 지금과 같은 사람이 된 이유는 타인의 영향과 관계가 있기도 하고 없기도 하다. 당신은 앞으로 누구와 무엇을 당신의 방으로, 그리고 당신의 인생으로 들일 것인지 신중하게 선택할 수 있다. 제대로 된 선택을 하면 자기 삶을 사랑하게 된다. 잘못된 선택을 하면 결과는 불 보듯 뻔하다. 좋은 소식은 이 책이 당신에게 더 나은 선택, 행복을 극적으로 끌어올릴 방법을 알려줄 것이란 사실이다. 당신의 방을 의도적으로 디자인함으로써 인생을 바꿀 수 있다. 이때 필요한 마음가짐은 미래를 향해 시선을 돌리는 것이다. 후회 가득한 눈으로 과거를 돌아봐서는 안 된다.

심리학자 캐럴 드웩Carol Dweck은 자신의 저서 《마인드셋》에서 '성장 마인드셋growth mindset'을 가진 사람이 '고정 마인드셋fixed mindset'을 가진 사람보다 더 쉽게 좌절을 극복한다는 중요한 연구 결과를 소개한다. 드웩의 설명에 따르면, 성장 마인드셋은 시간이 흐르면서 지능이 더욱 발달할 수 있다고 믿는 것이고, 고정 마인드셋은 지능이 미리 결정된다고 믿는 것이다. 이러한 견해의 차이는 좌절이나 실패를 극복 과제로 받아들일지(성장 마인드셋), 선천적이고 결코 바꿀 수 없는 능력 미달의 증거로 받아들일지(고정 마인드셋) 결정한다.

당신의 방은 절대 바뀔 수 없다고 생각했던 인간관계를 상대로 성장 마인드셋을 연습하는 공간이 될 수 있다. 당신이 알고 있는 모든 사람과 그들이 가져온 짐으로 인해 당신의 현재가 이미 전부 결정 난 것처럼 보일지라도, 그것이 당신의 성장 및 변화 역량을 얼마나 제한할 것인지 정하는 건 당신 몫이다. 또한 당신은 본인의 삶을 살기 위해 더욱 의식적인 결정을 내릴 수 있다.

가장 좋은 출발선은 여기, 그리고 지금이다. "당신의 방에는 누가 있는가?"가 가진 변화의 힘을 제대로 작동시키려면 섣부른 행동보다 질문이 우선시되어야 한다. 방 안 사람들이 당신의 일상 경험에 얼마나 큰 영향을 미치는지 파악하기 위해 제안하는 방법은 상상력을 조금, 어쩌면 조금 많이 동원하는 것이다. 당신은 익숙한 지점에서부터 시작할 수 있다.

예컨대, 당신의 삶은 혼란스러울 수 있다. 매일매일이 새로운 위기처럼 보이고 그 상황을 바꾸고 싶다. 하지만 그 혼란은 원인일까, 아니면 결과일까? 다시 말해, 혼란 자체가 병일까, 아니면 병의 증상일까? '병'을 뜻하는 영어 단어 'disease'는 '편안함의 부재absence of ease'를 의미하므로, 이런 상황에 잘 어울린다고 할 수 있다.

당신의 방을 둘러볼 때 혼란의 씨앗을 품고 안으로 들어온 사람들이 눈에 띌지도 모른다. 무슨 말인지 금세 감이 올 것이다. 이른바 소란을 떨지 않으면 살아 있다는 느낌을 받지 못하는 사람들 말이다. 당신의 방을 둘러보자. 벽에 낙서하는 사람이 있는가? 좋은 자리를 차지하려고 다른 사람들을 밀치는 사람이 있는가? 어쩌면 그런 에너지에 장기간 노출된 나머지 당신 역시 그런 사람으로 변했을지도 모른다. 이처럼 정신없는 삶은 당신의 방을 너무 북적거리고 시끄럽게 만든다. 너무 많은 사람, 너무 많은 물건, 너무 많은 의무, 그리고 너무 적은 시간. 게다가 이 모든 일들은 아주 시급해 보인다.

만약 이렇게 시끄러운 사람들이 방 한복판이 아니라 조금 구석지고 먼 곳에 있다면 어떨까? 그들이 자신들의 '아주 중요한 문제'를 들고 나타나 당신의 옆구리를 찔러댈 수 없을 만큼 먼 곳에 있다면? 당신의 귀에 관심을 요구하는 그들의 목소리가 잘 들리지 않는다면? 그들이 절대 방을 떠나지 않는다고 하더라도, 그들이 일으키는 소란은 먼 거리에서 보면 그럭저럭 견딜 만하다.

때때로 당신의 삶이 가혹하고 분노에 찬 것처럼 보이는가? 언제 그런 가혹함과 분노를 느꼈는지 떠올려보자. 자주 떠오르는 기억을 되짚어보는 것도 도움이 된다. 당신이 그 상황을 다시 경험한다고 생각해보자. 그때 당신의 방에는 누가 있는가? 당신 앞에 가혹하고 분노에 찬 사람이 있는지 살펴보자. 어쩌면 그런 사람이 여러 명일 수도 있고, 아예 떼를 지어 있을 수도 있다.

반대로, 당신의 삶이 사랑과 친절로 가득 차 있다고 상상해보자. 그런 다음 당신 주변이 따뜻하고 긍정적인 기운으로 충만하고 당신의 방이 빛으로 가득했던 순간을 떠올려보자. 그때 방 안에 누가 같이 있었는지 생각해보자.

나와 공명하는 사람, 어긋나는 사람

물리학에서 공명共鳴은 진동계나 외력으로 인해 다른 계界가 특정 주파수로 진동하는 순간을 말한다. 방 안에 나란히 놓인 2대의 피아노를 떠올려보자. 당신이 한쪽 피아노의 '도' 건반을 누르는 동안 다른 사람이 반대쪽 피아노의 현을 열어두면 건반을 건드리지 않더라도 그 피아노의 '도' 현이 함께 진동한다. 피아노의 '도' 현이 가진 고유의 주파수와 동일한 음파를 공기 중에서 포착하고 반응하는 것이다. 이것이 공명의 작동 방식이다.

이 현상을 인간의 마음과 정신에 적용해보면 우리가 어떤 사람들과 공명한다는 말을 잘 이해할 수 있다. 다른 사람이 가진 자질이나 행동의 일부가 우리에게 긍정적인 반응을 일으키는데, 그건 대체로 동일한 자질과 행동의 형태로 발현된다.

반대로 불협화음도 있다. 많은 사람들에게 익숙한 불협화음의 예를 들자면 손톱으로 칠판을 긁을 때 나는 날카롭고 불쾌한 소리가 있다. 우리의 귀와 뇌는 그 주파수 대역을 싫어하는 경향이 있다. 감정적인 영역에서 우리는 어떤 사람이 내세우는 가치와 그 사람의 실제 행동이 불일치할 경우 그러한 불협화음을 경험한다. 인간관계에서 우리가 경험하는 불협화음의 흔한 예는 사랑한다고 말하면서 상처 주는 행동을 하는 사람이다. 우리의 정신과 감정은 일관성을 갈망한다.

인간은 피아노 현과 같다. 어떤 사람들은 스스로를 '현이 팽팽하게 당겨진 상태'라고 표현한다. '버튼이 눌리다'라는 표현도 많이 들어봤을 텐데, 이것 역시 불협화음의 순간을 의미한다. 당신이 불협화음을 경험할 때 어떤 사람이나 상황이 당신의 버튼을 누르고 있다고 느끼며 그것을 피하고 싶은 마음이 생긴다.

정확히 말하자면, 당신의 버튼은 그냥 눌리는 게 아니다. 사실은 당신의 감정적인 현들이 타인의 감정적인 현들로부터 에너지를 받아 때로는 서서히, 때로는 격렬하게 반응하는 것에 가깝다. 이것이 유쾌하게 느껴지는 순간(공명)도 있고, 불쾌하게 느껴지는 순간(불협화음)도 있다.

요점은, 은유적으로 말해 당신은 여러 개의 현을 가진 악기라는 것이다. 당신의 방에 누가 있느냐 하는 문제는 전적으로 당신을 떨리게 하는 감정적, 지적, 신체적, 영적 현들에 관한 문제이다. 당신은 이러한 진동들 가운데 많은 부분을 겉으로 드러낼 것이다. 예컨대, 사랑하는 사람을 만나면 환한 얼굴로 반기는 반면, 사랑하지도 신뢰하지도 않는 사람을 보면 그가 유발하는 불협화음으로 인한 불쾌한 내적 경험을 피하려고 할 것이다.

내면의 현실에 눈뜨기

때때로 우리는 어떤 행동을 유발하는 내적 경험을 잘 인식하지 못한다. 특히 버럭 화를 낼 때가 그런 경우이다. 느닷없이 분노가 치솟고, 그 감정의 원인을 파악하기도 전에 반응 모드에 돌입한다. 우리에게 무의식적인 것이 타인에게는 너무 빤히 보일 때가 있는데, 이는 온갖 오해와 슬픔의 촉매가 될 수 있다. 이때 자기인식 능력을 키우는 것은 큰 도움이 된다. 공명과 불협화음의 내적 경험을 파악하는 데 익숙해지면 주어진 순간에 어떻게 행동할 것인지 의식적으로 선택할 수 있다.

　인생을 돌아보는 시간을 가진다면, 당신이 방 안의 사람들과 맺었던 관계와 그들과 관련된 의무들을 파악할 수 있고 반복되는 주제들을 알아낼 수 있다. 이 모든 측면들이 당신과 당신의 일상 경험에 어떤 영향을 미쳤는지 찬찬히 살펴보자. 이것은 무의미한 원망이나 자책을 위한 과정이 아니다. 공명과 불협화음을 안내판 삼아 시간을 어디에 투자해야 할지, 방을 어떻게 관리해야 할지 살펴보는 과정에 가깝다. 공명과 불협화음은 공감과 진정성을 바탕으로 한 인간관계와 손톱으로 칠판 긁는 소리를 견디는 것 같은 인간관계를 구분할 수 있게 해준다.

호스피스 병동의 간호사 브로니 웨어Bronnie Ware는 연민과 친절로 무장한 채 죽음을 앞둔 환자들을 돌봤다. 그의 베스트셀러《내가 원하는 삶을 살았더라면》에 따르면, 사람들은 죽으면서 '타인의 기대를 따르는 삶이 아니라 나 자신에게 솔직한 삶을 살았더라면 더 좋았을 텐데'라는 후회를 가장 많이 한다. 왜 그런 후회를 하는 것일까? 평생 타인의 기대, 요구, 필요, 갈망, 꿈, 좌절, 욕망에 초점을 맞춘 삶을 살았기 때문이다. 현의 은유로 돌아가서, 그들은 자신의 악기와 진동수가 불일치하는 다른 악기들과 공명하기 위해 평생을 바친 것이다.

당신의 방은 당신의 과거와 현재에서 온 사람들로 가득하다. 그중 일부는 공명을 일으키고 다른 일부는 불협화음만 낸다. 대다수는 공명과 불협화음을 모두 일으킨다. 당신의 의식과 무의식이 타인의 기대와 요구에 부응하기 위해 대부분의 시간을 쏟는다면, 당신은 죽음을 앞둔 사람들이 하는 가장 흔한 후회를 품고 마지막 순간을 맞이하게 될 것이다.

방의 규칙 #1 방에 들어올 사람을 선별할 수 있다

우리는 툭하면 자신의 내면과 타인의 외면을 비교한다. 하지만 사람들은 대부분 겉으로 보이고 싶은 모습만 남에게 보여준다. 만약 그 피상적인 그림을 곧이곧대로 믿는다면 늘 다른 사람들이 자기보다 더 당당하고 용감하고 똑똑하고 멋있다고 느낄 것이다. 우리는 자신의 단점을 처절하게 인식하고 심지어 두려워한다. 우리가 어떤 사람의 내면을 들여다볼 수 없다고 해도 한 가지는 분명하다. 단점 없는 사람은 없다. 어떤 사람의 실체를 파악하는 데는 시간이 걸린다.

신학자이자 사회비평가인 하워드 서먼Howard Thurman은 말했다. "세상에 필요한 것이 무엇인지 묻지 마라. 당신을 살아 있게 만드는 것이 무엇인지 묻고, 그 일을 하라. 세상에 필요한 것은 생기 넘치는 사람들이기 때문이다."

당신의 방을 탐색하고 관리할 때 한 가지 주의할 점이 있다. 당신더러 타인과 어울리지 말고 타인을 돕지 말라고 권하는 것이 아니다. 그건 사랑의 핵심이다. 다만 자신의 방을 더욱 명확히 인식하고 방에 들일 사람들을 의식적으로 선별함으로써 삶을 더 나은 방향으로 바꿀 수 있다는 것뿐이다.

이 방이 은유적 아이디어인지 실제적 아이디어인지에 관해서라면, 이것이 물리적 구조물인지 정신적 구조물인지를 궁금해하지 말고 스스로 이런 질문을 던져보자. 지금 이 순간부터 그 방의 존재를 기꺼이 진실로 받아들이고 산다면 어떨까? 당신은 자신의 감정적, 정신적, 영적, 신체적 방의 설계자이다. 당신은 불협화음보다는 공명으로 가득한 환경을 만들어내야 한다. 당신을 살아 있게 만드는 방을 만들자. 그런 방은 늘 성공을 의미할 수밖에 없다.

방을 시각화하는 훈련

→ 이 훈련은 여러 단계에 걸쳐 진행된다. 당신이 다른 시각화 기법에 익숙하다면 그 방법을 사용해도 좋다. 이 책에서 추천하는 방법은 눈을 감은 뒤에 '보이는' 것을 적어보는 것이다. 훈련을 진행하는 동안 반복적으로 이 시각화 과정으로 돌아와 당신의 방이 어떻게 변해 가는지 살펴보는 것도 좋다. 이 방은 무한히 바뀔 수 있으므로 처음부터 '완벽'을 추구할 필요는 없다!

당신의 인생을 의미하는 이 매혹적인 방을 시각화하는 데 도움이 될 만한 다른 세부사항을 소개하겠다. 당신의 방은 아직 꽉 차지 않았다. 그 방에는 따로 제한 용량이 없다. 더 많은 사람들이 들어올 공간은 충분하다. 가령 당신이 원하는 삶을 살도록 도와줄 멘토 등 누구나 들어올 수 있다. 여기서 질문은 이것이다. 당신의 방으로 가장 초대하고 싶은 사람은 누구인가?

이러한 시각화를 여러 번 반복하고 재미있게 활용할 수도 있다. 저자 중 한 명인 아이반은 강연에서 종종 그 방이 대체 어디에 있느냐는 질문을 받는다. 그는 한 손으로 자신의 왼쪽 관자놀이를 가리키며 "그건 여기서 시작됩니다"라고 한 뒤, 반대편 관자놀이를 가리키며 "그리고 여기서 끝납니다"라고 말한다. 반면 스튜어트는 이렇게 말한다. 그들이 마음만 먹으면 그 방은 마법의 융단을 타고 타임스퀘어, 콜로라도, 혹은 열대의 섬으로 날아갈 수도 있다고. 그건 전부 각자의 선택에 달렸다.

다음의 과정을 통해 자신의 방을 시각화하는 연습을 해보자.

① 최소 20분은 방해받지 않고 조용히 있을 수 있는 공간을 찾는다. 눈을 감고 긴장을 푼다. 긴장 완화 훈련이나 명상을 배운 경험이 있다면 그 방법을 통해 몇 분간 자신에게 집중하는 시간을 가진다. 들숨과 날숨에 주의를 기울인다.

② 본인의 방을 상상한다. 최대한 선명한 이미지를 떠올리고 그 안에 있는 자신의 모습을 떠올린다. 텅 빈 방, 해변, 협곡 등 무엇을 떠올려도 좋지만, 어디든 문은 딱 하나뿐이다. 그 방은 시간이 흐르면서 어떤 모습, 어떤 형태로도 변할 수 있지만 절대로 변하지 않

고 고정된 기본 원칙이 있다. 그 방의 문은 하나뿐이고, 한번 방 안으로 들어온 사람은 절대 나갈 수 없다.

③ 이제 자신의 방에 있는 사람들을 떠올려본다. 현재 의미 있는 관계를 맺고 있는 사람들, 과거에 끈끈한 관계를 맺었던 사람들. 잠시 시간을 가진다. 누가 가까이에 있고 누가 멀리 있는가? 첫 시각화 훈련에서 모든 사람을 떠올릴 필요는 없다. 나중에 모습을 드러내는 사람도 있기 마련이다. 모든 사람을 위한 충분한 공간이 있다는 것을 기억한다.

④ 자신에게 가장 중요한 사람 1, 2명을 선택한다. 그들은 인생의 동반자이거나 부모, 조부모, 형제자매, 혹은 사업 파트너일 수 있다. 과거 혹은 현재의 가까운 친구일지도 모른다. 그들을 최대한 선명하게 떠올려본다. 얼굴과 신체적 특징, 입고 있는 옷, 목소리의 질감까지.

⑤ 자신이 각각의 사람과 맺은 관계를 떠올린다. 몇 개의 단어로 끝내지 말고 더 깊이 생각한다. 이 사람이 근처에 있을 때 어떤 기분인가? 시간을 두고 충분히 감정을 들여다본다. 당신이 느끼는 공명 혹은 불협화음은 무엇인가?

⑥ 시각화를 마친 뒤, 방에 있는 사람들의 이름을 최대한 많이 적어본다. 그들이 방 안의 어떤 위치(가까운 곳, 먼 곳, 환한 곳, 그늘진 곳 등)에 있는지도 적어본다. 그들의 태도와 당신에게 했던 말도 적어본다. 당신은 앞으로 여러 번 이 방으로 돌아올 예정이므로, 공

책이나 바인더를 이용하는 것도 좋다.

엄밀히 말해, 당신이 이 방으로 '돌아온다'는 표현은 틀렸다. 당신을 포함하여 그 누구도 이 방을 떠날 수 없기 때문이다.

당신의 방에 당신의 자리가 있는가?
조니의 이야기 ①

조니는 스튜어트 에머리의 아내이다. 스튜어트는 아내가 상담사, 코치, 지지자로 일하며 사람들과 교류하는 것을 가까이서 지켜봤다. 조니는 온전한 자신으로 방 안에 머무는 것과 "당신의 방에는 누가 있는가?"라는 질문을 신중하게 삶에 대입해보는 것이야말로 인생을 바꾸는 가장 강력한 훈련이라고 믿는다. 조니의 이야기를 들어보자.

여섯 살이었던 어느 날, 나는 잠자리에 들었다. 침대 앞에는 3, 4개의 선반이 있었는데, 거기에는 동물 모양과 사람 모양을 한 인형들이 쌓여 있었다. 인형 하나가 눈에 들어왔고, 침대에서 내려가 인형을 집어 들고 다시 침대 위로 올라와 인형을 쓰다듬기 시작했다. 눈을 감고 꿈나라로 떠나려는 순간 다른 인형이 눈에 들어왔고, 다시 침대 밖으로 나가 인형을 집어 들고 이불 안으로 돌아왔다. 인형 2개를 안고 누워 있는데, 이번에는 내가 좋아하는 동물 인형이 눈에 들어왔다. 나는 '저 인형도 데려와야지'라고 생각했다. 이 일을 반복하다 보니 선반에 있던 인형들이 전부 침대 위로 옮겨졌고, 나는 자리가 없어 방바닥에 누워야 했다.

잠시 후 아버지가 방에 들어왔다. 아버지는 인형이 침대에 쌓여 있는 걸 보더니 말했다. "조니, 뭐 하는 거니?" 나는 이렇게 말했던 걸로 기억한다. "아무도 버림받는 기분을 안 느끼면 좋겠단 생각이 들어서 인형을 하나씩 침대로 데려왔어요." 아버지는 날 보더니 말했다. "아무리 그래도, 조니, 침대에 네 자리가 없어서 바닥에서 자게 생겼잖니!"

이 기억은 내게 큰 영향을 미쳤는데, 내 인생에서 다른 사람들을 위한 공간을 많이 내어주다 보면 종종 나를 위한 공간이 없다는 느낌이 들기 때문이다. 나는 내 방 안에 있지 않았다. 내 방 안에 어떻게든 내 몸을 끼워 넣으려고 해도, 그 안을 비집고 들어간 건 진짜 내가 아니었다.

"내 방에는 누가 있는가?"라는 질문을 품고 살기 시작한 이후, 새로운 발견의 여정에 속도가 붙었다. 첫 번째로 찾아온 통찰은 나 스스로 외면당하거나 소외감 느끼는 것을 싫어해서 그 누구도 외면하거나 소외시키지 않으려고 한다는 것이었다. 다음으로 찾아온 통찰은 내 방 안에 내가 싫어하는 사람들을 비롯하여 수많은 사람들이 머무는 이유는 내가 너무 만인에게 호감을 사려고 애쓰기 때문이라는 것이다. 이것은 빠져나올 수 없는 소용돌이처럼 느껴진다.

때로는 사람들이 나를 좋아해주더라도 그들이 좋아하는 것이 어떤 나인지 헷갈린다. 호감을 사기 위해 타인의 요구를 다 들어주는 척하는 나를 좋아하는 것일까, 아니면 이 모든 가식 아래 존재하는 진짜 나를 좋아하는 것일까? 긍정적인 부분을 말하자면, 나는 내가 그런 행동을 할 때마다 스스로 알아차렸고, 그 순간 의식적으로 다른 행동을 함으로써 자유로운 인간으로 성장하는 쪽을 선택할 수 있었다.

남들의 호감을 사기 위해 예전에 했던 일들은 이제 그만두었다. 나는 계속해서 더 깊어지고 있다. 계단을 따라 아래로 내려가면서 계속 새로운 걸 발견하는 느낌이다. 이제 내 선택의 기준은 남들이 나를 어떻게 생각할 것인지가 아니라, 그것이 나에게 진정으로 의미 있는지 하는 점이다.

지금은 거의 전생의 기억처럼 느껴지지만, 나는 20대 때 영화업계에서 일했다. 처음 1년 6개월은 뉴욕에서 〈대부〉의 제작 조수로 일하다가 시칠리아로 넘어가 영화 제작을 마쳤다. 그곳에서 나는 로마의 일자리를 제안받아 계속 영화업계에서 일했다. 5년 후 캘리포니아로 돌아왔을 때 내가 그 어디에도 속해 있지 않다는 느낌을 받았다. 그 어느 것도 진짜처럼 보이거나 느껴지지 않았고 특히 나 자신이 그랬다. 이탈리아에서 나는 활기가 넘쳤다. 하지만 고국으로 돌아왔을 때는 속이 텅 빈 것 같았다. 특히 밤에는 더 그랬다.

나는 피트 캐머런이라는 남자를 만났고 나의 어려움을 털어놓았다. 그는 내게 냅킨을 건넸는데, 그 위에는 "당신은 완벽할 필요가 없어요, 완벽하게 자기 자신이면 충분해요"라고 적혀 있었다. 내 심장은 기쁨으로 요동쳤다. 만약 이 말이 사실이라면 어떨까? 얼마 지나지 않아, 나는 스튜어트 에머리라는 남자가 진행하는 자아실현 워크숍에 참여했다.

내가 그 워크숍에 다녀온 지 35년이 넘었다. 당시에는 그 누구도 "당신의 방에는 누가 있는가?"라는 질문을 하지 않았지만, 그 워크숍의 핵심 아이디어는 자기 삶을 바꾸고 싶다면 마찬가지로 삶을 바꾸고자 하는 사람들을 곁에 두어야 한다는 것이었다. 나는 그 아이디어를 실천으로 옮겨, 온전하고 생동감 넘치고 자유롭게 선택하는 인간이 되기 위한 여정에 동참하는 동료 여행자들과 새로운 우정을 쌓았다.

돌이켜보면, 나는 "당신의 방에는 누가 있는가?"라는 질문에 담긴 아이디어를 내 인생의 절반이 넘는 시간 동안 연습해온 것이나 다름없다. 덕분에 얼마나 큰 변화가 찾아왔는지 모른다. 오늘날 내 방에는 나를 위한 훨씬 널찍한 공간이 있다. 이 질문의 힘을 적절히 활용하기 위해서는 이 질문도 던져봐야 한다. "나는 정말 내 방에 있는가?" 이 질문에 '그렇다'라고 답할 수 있는 것은 당신의 진정한 자아가 그 방 안에 있을 때이다.

'방'의 개념은 변화, 성장, 심지어 치유의 힘을 가지고 있다. 당신이 방에 들인 사람들 중 일부가 좋은 사람이 아닌 것으로 드러날 경우, 이 말은 더더욱 사실이 된다. 조니는 8장에서 자신의 방이 지닌 기쁨과 함정에 관한 이야기도 들려줄 것이다.

궁극적으로, 당신이 문지기와 관리인에게 전달할

규칙은 당신이 원하는 삶의 모습, 당신이 추구하는

인생의 목표와 직접적인 연관이 있다.

2장

방에서 가장
중요한 사람들

이제 당신의 방에 어느 정도 익숙해졌을 테니, 그곳에서 가장 중요한 두 인물을 소개하겠다. 그들은 다른 모든 사람과 차별화된다. 방 안의 다른 사람과 달리, 그들은 완벽하게 당신의 통제 하에 있기 때문이다. 100퍼센트 당신 편이고, 절대 한눈을 팔거나 당신을 배신하지 않는다. 이 순간부터 그들을 평생의 동반자로 여기자. 그들은 당신에게 방을 통제할 수 있는 힘, 다시 말해 당신의 삶 속에 있는 사람들을 통제할 수 있는 힘을 준다.

과연 이들은 누구일까? 바로 '문지기'와 '관리인'이다. 두 사람은 실제 세상에 존재하는 인물이 아니라, 전적으로 당신이 창조한 인물이다. 그렇다고 해서 가짜라는 뜻은 아니다. 당신의 창조물인 그들은 방 안에 머무는 다른 인간들만큼이나 현실적인 존재로 당신의 잠재의식에 머물 수 있다. 진짜 피와 살과 뼈로 이루어지진 않았지만, 그 사실이 그들의 힘을 빼앗지는 않는다.

두 사람에 대해 간단히 살펴보자. 먼저 문지기는 사람들이 당신의 방으로 들어갈 수 있도록 허가해주는 사람이다(한번 들어온 사람은 절대 나올 수 없다는 걸 다시 한번 명심하자). 그리고 관리인은 이미 방에 들어온 사람들에게 이런저런 지시를 내리고 제어하는 사람이다. 즉, 누가 당신과 가까운 곳에 혹은 먼 곳에 있어야 하는지, 누구는 방 안을 자유롭게 돌아다닐 수 있고 누구는 한곳에 머물러야 하는지 통제할 권한이 있다. 문지기와 관리인의 역할은 단순하지만, 그들을 제대로 일하게 한다면 당신에게 최고의 친구가 되어줄 것이다.

당신 방의 문지기와 관리인을 가장 친숙한 이미지로 떠올려보자. 남자일 수도 있고 여자일 수도 있다. 키가 클 수도 있고 작을 수도 있다. 우피 골드버그나 나탈리 포트먼의 닮은꼴, 혹은 하비에르 바르뎀이나 대니 드비토의 도플갱어일 수도 있다. 선택은 당신의 몫이다. 옷차림도 상상해보자. 문지기에게는 단추가 두 줄로 달린 파란색 유니폼을 입히고 관리인에게는 로마 전통 의상인 토가를 입히고 싶은가? 원하는 만큼 충분히 시간을 들여 마음에 드는 이미지를 떠올려보자.

궁극적으로, 당신이 문지기와 관리인에게 전달할 규칙은 당신이 원하는 삶의 모습, 당신이 추구하는 인생의 목표와 직접적인 연관이 있다. 그들은 당신이 어떤 인간이 될 것인지 상당한 영향을 미친다. 당신이 인기인이 될 것인지 외톨이가 될 것인지, 사랑받을 것인지 미움받을 것인지, 좋은 기회를 자석처럼 끌어당길 것인지 밀어낼 것인지, 인생에서 속도를 낼 것인지 속도를 늦출 것인지, 충만한 인간관계를 맺을 것인지 당신을 착취하는 빈 껍데기 같은 사람들과 어울릴 것인지, 영혼의 단짝을 만나 함께할 것인지 그러지 못할 것인지, 행복할지 우울할지, 자신의 일을 즐기게 될지 끔찍하게 여기게 될지, 심각한 스트레스에 시달릴지 그러지 않을지 등등 인간관계뿐 아니라 삶의 전반적인 모습까지 광범위하게 영향을 줄 것이다.

문지기, 입구를 지키는 사람

우선 당신의 방문을 생각해보자. 그 방문은 닫혔지만 잠겨 있지는 않고, 누군가 밀고 들어오면 열릴 수 있다. 젊은 시절에 당신은 방에 들어오는 사람들의 행렬을 그저 감탄하며 지켜볼 수밖에 없었을 것이다. 방으로 들어오는 모든 사람이 당신에게 꼭 필요한 사람이 아니라는 걸 깨닫기까지 보통 몇 년이 걸린다.

당신이 문의 의미와 역할을 파악한 다음에도, 그 문을 언제, 어떻게 사용해야 하고 그것이 왜 필요한지 완전히 이해하려면 몇 년이 더 걸린다. 인생에서 그러한 단계에 도달하기 전까지 그 문은 살짝만 건드려도 쉽게, 활짝 열린다.

이제 당신은 그 문으로 들어오는 사람을 통제할 방법이 있는지 궁금해질 것이다. 이제 그 방법이 있다는 걸 알려주고자 한다. 사실 당신은 문이 열리는 순간과 닫히는 순간을 선택할 수 있다.

지금부터 당신의 모든 것을 알고 보호자 역할을 할 수 있는 사람이 당신의 문지기가 된다고 상상해보자. 그는 당신의 개인적 가치와 당신에게 중요한 것을 명확히 알고 있다. 당신이 열정을 쏟는 대상을 잘 알고, 당신이 최선의 인간이 될 수 있도록 돕고자 한다. 그는 당신의 가치와 열정, 당신에게 의미 있는 것, 당신이 가진 최선의 모습을 지지하지 않는 사람은 결코 방에 들이지 않을 것이다.

당신은 그 문지기가 바깥세상에서 발생하는 일을 막을 수 없다는 걸 명심해야 한다. 주식시장이 폭락할지도 모른다. 그러면 문지기는 당신이 가진 재정적 불안을 착취하려는 사람들을 문 앞에서 막을 것이다. 팬데믹이 전 세계로 번질 수도 있다. 문지기는 당신에게 위험한 행동을 하자고 꼬드기는 사람들을 문 앞에서 막을 것이다.

물론 문지기에게 일을 맡기기 전에 주의사항부터 알려줘야 한다. 당신의 인생이나 사업에 끼어들 수 있는 사람 혹은 대상이 무엇인지 판단하기 위해 문지기에게는 일련의 가치와 가이드라인이 필요하다. 다시 말해, 우선 당신은 자신의 가치 목록과 자신에게 중요한 것을 명확히 알고 있어야 한다. 자신이 열정을 쏟는 대상을 파악하고, 스스로 원하는 최선의 모습으로 살아가리라는 결심을 해야 한다. 그렇게 하지 않으면, 무엇이 기회이고 무엇이 방해물인지 구분할 수 없다.

자신의 가치 목록에 대해 명확히 정리하거나 진지하게 생각해보지 않았다면, 이 책의 4장과 5장에서 자신이 중요하게 여기는 것을 파악하는 데 도움이 될 만한 자료를 참고하길 바란다. 자신이 추구하는 가치를 아는 것, 그 가치를 의도적으로 선택하는 것이 중요한 이유는 문지기에게는 그것이 당신의 일상적인 욕구와 혐오보다 중요한 가이드라인 역할을 하기 때문이다.

예컨대, 당신의 현재 직업이나 경력 전체를 조망할 때, 지금까지 내린 결정들은 어떤 가치에 따른 것인가? 만약 당신이 경제적 안정을 중시시한다면, 그건 몸이 편한 삶을 추구하거나 무한한 즐거움을 원하거나 부모님의 기대에 부응하고 싶기 때문일 수 있다. 혹시 당신의 방 안에 있는 부모님이 부富가 가져오는 권위와 안정감을 추구해야 한다고 당신에게 말하고 있지는 않은가? 아니면 경제적인 도움이 필요한 사람들을 돕고 싶어서인가? 혹은, 자녀들에게 더 나은 발판을 마련해주고 싶어서인가? 당신의 그런 욕망에 영향을 준 사람은 누구인가?

"내가 왜 이 직업을 계속 유지하고 있는가?" 같은 간단한 질문만 던져봐도, 이 질문을 하기 전까지는 명확하지 않았던 여러 가치와 인식이 잘 드러난다. 이러한 가치와 인식의 중심에는 당신의 방에 머무는 사람들이 있고, 당신은 삶의 어느 시점에 그들이 전달하는 메시지를 내면화하게 된다.

사실 이러한 메시지는 방에 있는 사람들에 대한 반작용으로, 당신 자신에 의해 만들어졌을지도 모른다. 때때로 우리의 가장 강력한 무의식적 실존은 우리가 스스로에게 들려주는 메시지 위에 만들어지는데, 이는 우리가 인정받고 사랑받고 존경받고 싶어 하기 때문이다. 우리는 우리 자신에 대한 사고방식을 창조하며, 이 사고방식은 늘 방에 있는 사람들로부터 영향을 받는다(이 문제는 4장에서 더 자세히 다룬다).

누구를 들일 것인지 규칙이 필요하다

그렇다면 누군가를 당신의 방으로 들인다는 것은 무슨 의미일까? 매일 얼굴을 보지만 아주 얕은 관계만 맺고 있는 가게 점원, 혹은 쉴 새 없이 짖어대는 작은 개를 산책시키는 이웃도 방 안에 있다고 포함시켜야 할까?

앞으로 당신은 누구를 방에 들일 것인지에 관한 규칙을 깊이 생각해보게 될 것이다. 중요한 문제가 발생했을 때는 규칙을 변경할 수도 있다. 애초에 좋은 규칙을 세우기 위한 열쇠는 당신의 방에서 무슨 일이 벌어지는지 알아차리는 것이다. 간단한 예를 들어보자. 개를 산책시키는 이웃이 거슬리는가? 매일 그 개의 산책 시간만 되면, 주인이 개를 제대로 통제할 줄 알아야지, 저렇게 작은 개는 동네 산책에 적합하지 않아, 혹은 왜 하필 내가 재택 근무하면서 중요한 통화를 할 때 산책을 시키는 걸까, 같은 생각을 계속 하게 되는가?

이 질문 중 한 가지라도 '그렇다'라고 답한다면, 당신의 문지기는 그들을 방 안으로 들인 셈이 된다. 이 모든 것, 즉 이웃과 그 집의 개, 그리고 그들로 인해 당신이 느끼는 분노와 좌절은 가상의 문지기가 그 소음과 이야기를 당신의 방으로 들인 결과이다. 당신은 매일 아침 개 짖는 소리를 듣고 별 생각 없이 흘려버리는 대신 그 이야기를 붙들고 놓지 못한다.

이때 당신의 삶 속으로 누구를 들일 것인지에 관한 규칙을 세우면 인생의 모든 사건과 인물 위에 덧씌우는 이야기를 통제할 수 있다. 그 이웃은 아마 당신에 대해 별 생각이 없겠지만(아예 관심 없을 확률이 높다), 당신은 그 사람과 그의 성가신 개가 당신의 방으로 들어오도록 했다. 애초에 문지기에게 그들의 입장을 허락해서는 안 된다고 지시를 내리지 않았기 때문이다.

문지기가 가진 단순한 힘을 다음의 예로 설명할 수 있다. 모르는 사람이 나에게 시간을 좀 내달라고 부탁한다고 치자. 비행기 옆자리에 앉은 사람일 수도 있고, 영업을 하려는 재무상담사일 수도 있고, 내 책을 읽은 독자일 수도 있다. 그렇게 누군가와 첫 접촉이 생겼을 때 나는 스스로에게 묻는다. "나는 이 사람을 내 방 안으로 들이고 싶은가?" 그 대답이 '그러고 싶지 않다'라면 바로 안 된다고 말한다. 상대방이 끈질기게 매달릴 경우에는 이렇게 말한다. "저는 당신을 제 방 안으로 들이고 싶은 마음도 있지만, 제 문지기가 그걸 허락하지 않을 거예요."

만약 당신이 원하지 않는다면, 당신의 방에서 벌어지는 소란과 침입자들을 참아줄 이유가 없다. 문지기는 당신이 잘 거절할 수 있도록, 방 안의 온갖 것들에 시선과 관심이 빼앗기지 않도록 돕는다. 하지만 주의해야 한다. 당신은 매일매일 문지기와 호흡을 맞춰야 할 것이다(이 책이 그 방법을 알려줄 것이다).

당신의 문지기에게는 다른 선택지가 있다. 아이반의 경우, 그는 사람들이 방으로 들어오려고 할 때 자신과 그들의 관계가 진실된 것인지 확신하기 전까지 그들을 밖에서 기다리게 하는 장면을 상상하곤 한다. 그들은 문을 두드리며 시간을 좀 내달라고 말하는 외판원이나 여론조사원과 같다. 당신은 그들에게 시간을 내주고 관심을 쏟을 의무가 없다. 이때 현관은 그들의 편의가 아니라 당신의 편의를 위해 존재한다. 아이반은 자신과 교류하긴 하지만 의미 있는 관계가 아닌 사람들을 떠올릴 때 이런 이미지를 활용한다. 그들은 당신과 같은 자전거 동호회 회원일 수도 있고 친절한 가게 점원일 수도 있다. 당신은 그들과 필요한 대화를 친근하게 나누지만, 그들은 당신의 방에 속해 있지 않다.

관리인, 방 안을 정리하는 사람

앞으로 당신의 문지기는 사람들을 방으로 들이든지 현관 앞에 남겨두든지 할 것이다. 일단 누군가를 방으로 들여보낸 후, 문지기는 다시 문으로 돌아간다. 그렇다면 질문이 생긴다. 방금 들어온 사람은 어느 곳에 속한 사람인가?

이미 당신의 방에 있던 사람들은 어떤가? 그 안에는 많은 사람들이 있다. 영혼의 단짝부터 가족, 친구, 직장 동료, 과거 어느 시점에 무심결에 방으로 들인 모든 사람들. 이러한 현실을 떠올려 본 사람들의 반응은 대체로 이렇다. "저 사람은 누가 여기로 들여보낸 거지?" 그 대답은 당연히 (문지기를 문 앞에 세워 두기 이전의) '당신'이다!

그들이 의도적으로 들여보내졌든, 우연히 들여보내졌든, 난데없이 그냥 나타났든 간에, 당신의 방 안 사람들은 당신이 아니라 자신들의 규칙과 가치에 따라 행동한다. 어떤 사람은 멀리 떨어져 있고, 어떤 사람은 당신에게 얼굴을 들이밀며 주의를 끈다. 당신에게 깊은 애정과 선의를 품은 사람도 많으나 일부는 심각한 골칫거리다. 하지만 기억하자. 출구는 없다. 좋든 싫든, 그들은 영원히 당신의 방에 머문다.

바로 이때, 당신의 방에서 중요한 역할을 하는 사람이 '관리인'이다. 관리인은 당신을 위해 일하며 당신에게 가깝거나 먼 곳으로 사람들을 재배치한다. 당신의 방에서 사람들에게 적절한 자리를 찾아주고, 모든 사람들이 각자 속한 위치로 이동하도록 돕는다. 관리인의 태도는 친절할 수도, 단호할 수도, 강압적일 수도 있다. 선택은 당신의 몫이다. 그는 당신의 상상 속 우군이므로, 철저히 당신의 명령에 따르고 당신의 가치와 이익을 우선시한다. (이 관리인을 '바운서(bounder, 유흥업소의 출입구를 지키는 사람-옮긴이)'라고 부르는 사람도 있는데, 그 이름이 마음에 든다면 얼마든지 그렇게 부르자. 하지만 부디 폭력은 자제하길.)

관리인이 일하는 방식을 떠올리면 당신의 방을 구체적으로 시각화하는 데 도움이 된다. 당신의 방은 구석진 공간이 많을 수도 있고, 작은 모임 장소들로 이루어져 있을 수도 있고, 하나의 널찍한 객실일 수도 있다. 모든 사람은 그곳 어딘가에 속해 있다. 모든 배우가 제자리에 서 있도록 지시하는 무대감독의 이미지로 관리인을 떠올리는 사람도 있다. 당신은 방 안의 모든 장소를 구체적으로 떠올리면서 계속 방의 크기를 키우거나 사람들을 보낼 특별한 장소들을 만들어낼 수 있다.

관리인이 사람들을 보낼 수 있는 공간의 예시를 살펴보자.

가족의 자리

과거와 현재의 모든 가족 구성원이 이곳에 산다. 그들은 부모나 형제자매처럼 가까운 가족일 수도 있고, 이야기로만 전해들은 증조부처럼 먼 친척일 수도 있다. 어쩌면 당신은 사촌보다 증조부가 심리적으로 더 가까운 사람이라고 느낄지도 모른다. 당신의 마음속에 있는 사람은 당신의 방 안에 있는 것이다.

일의 자리

당신이 과거에 함께 일했거나 현재 함께 일하는 모든 사람이 여기에 머문다. 즉, 당신의 고용주들, 동료들, 부하 직원들, 거래처 사람들을 의미한다. 당신에게 조언을 주었던 멘토, 도움을 준 사람, 모든 종류의 고객도 관리인의 안내를 받아 이곳으로 모인다.

돈의 자리

당신이 일을 하는 주된 이유가 돈을 벌기 위해서라면 이곳은 '일의 자리'와 인접해 있을 것이다. 여기에는 당신에게 좋은 투자를 권유한 파트너, 혹은 당신을 나쁜 투자로 끌어들인 사람이 포함될 수 있다. '돈의 자리'에서 사람들은 각자 더 눈에 띄거나 덜 눈에 띄는 자리를 차지할 수 있고, 그 결정은 당신의 몫이다. 이를테면 현재 사업 파트너와 단체의 구성원들은 당신과 가까운 곳에, 다른 사람들은 먼 곳에 위치시킬 수 있다.

봉사의 자리

당신과 함께 봉사에 참여하는 사람들은 여기 모인다. 당신이 봉사단체에 소속되어 있거나 어떤 대의를 위해 자원봉사를 한다면, 그 과정에 당신의 삶 속으로 들어온 사람들이 여기에 속한다. 교회에 다니는 사람이라면 이곳이 신앙의 자리가 될 수도 있다.

유년의 자리

어린 시절의 친구, 선생님, 이웃 등이 여기에 속한다. 당신은 종종 기억 속의 이 장소를 방문하는데, 이곳에서는 아무도 나이를 먹지 않고 수십 년 전에 벌어졌던 사건이 반복해서 재생된다.

당신의 방 안에서 어떤 사람은 한 자리(일터, 교회, 지역공동체, 가족)만 차지하고, 어떤 사람은 이곳저곳으로 옮겨 다닌다. 관리인은 그들이 각자 어느 곳에 속해 있는지 알려주기도 하고, 그들을 방 안의 다른 구역, 어쩌면 이전보다 당신에게 더 가까운 구역으로 친절히 안내하기도 한다.

원하는 미래를 만들기 위해 당신과 관리인이 협력하는 동안, 당신은 본질적으로 관계를 변화시킨다. "누가 내 방 안에 있고, 거기서 뭘 하는가?"라는 질문은 당신이 어떤 사람들과 프로젝트들을 전방이나 후방으로 이동시키는 데 정신적, 감정적으로 도움이 된다. 당신의 삶의 이야기 속에서 주역을 꿰찼던 골칫거리 인간들과 사건들이 뒤로 물러나면 먼 배경의 점처럼 바뀔 수 있다.

6장에서 당신의 방에 머무는 가장 바람직하지 않은 요소들을 따로 격리시키는 효과적인 기술을 좀 더 자세히 이야기할 것이다. 이를 통해 당신이 정말 함께하고 싶은 사람들을 위한 공간을 마련할 수 있다.

당신의 방에서 '당신'은 누구인가
바넷의 이야기

바넷 베인Barnet Bain은 실력 있는 영화 제작자이자 감독, 창의성 코치이다. 그가 참여한 작품으로는 아카데미 수상작 〈천국보다 아름다운〉과 에미상 후보로 오른 〈길 위에서 하버드까지〉, 〈천상의 예언〉, 〈밀턴스 시크릿〉 등이 있다. 바넷의 이야기를 들어보자.

나는 내 시간을 요구하는 여러 요청 탓에 허우적대고 있었다. 거절하는 법을 몰랐기 때문이다. 나는 거절도 일종의 예술인 업계에서 일하고 있지만, 아마도 영화학교 재학 시절에 그와 관련된 수업을 빼먹은 모양이다. 나 같은 사람들은 수많은 기회, 책임, 관심사, 의무로 과부하가 걸리기 쉽지만, 가상의 문지기를 세워 달력과 일정표를 정리할 수 있다(이미 심각한 과부하 상태라면 무거운 짐을 조금 덜어낼 수 있다).

나의 문지기는 빨간색 긴 코트를 입은 친절한 호텔 도어맨이 아니다. 나는 내가 정말 원하는 사람만 방에 들어올 수 있도록 일처리가 확실한 특수부대원을 고용했다. 그 문지기를 고용하자 곧바로 긍정적인 변화가 나타났다. 스트레스가 줄고 에너지가 늘었다. 선택지가 많아지고 대응의 범위가 줄어들면서 편안함을 느꼈다. 새로운 경계를 설정하자 새로운 자유가 찾아왔다. 한동안 나는 그 상태를 유지했다. 그러다가 첫 번째 시험에 들었다.

아내와 나는 모처럼 꿈에 그리던 휴가를 떠났다. 비행 여정은 경유지를 거쳐 왕복 총 4개 구간으로 이루어져 있었다. 로스앤젤레스에서 마이애미로 가서 1시간 대기한 다음 환승해서 최종 목적지인 카리브 해의 세인트마틴 섬에 도착할 예정이었다. 그런데 왕복 4개 구간 중 3개 구간에서 항공기의 기계적인 문제가 발생했다.

우리의 첫 비행기는 2시간 넘게 이륙하지 못했다. 우여곡절 끝에 마이애미에 도착했지만 환승 비행기가 떠난 뒤라서 그곳에서 하룻밤 머물러야 했다. 다음 날 아침, 다른 비행기가 준비되었으나 또 기계 결함이 발생했다. 우리는 구시렁거리며 게이트로 돌아갔고, 항공기가 준비될 때까지

기약 없이 기다렸다. 그렇게 예정보다 18시간 늦게 지상낙원에 도착했다.

"뭐, 그럴 수도 있지." 나는 득도한 사람처럼 어깨를 으쓱하며 말했다.

하지만 닷새 후 똑같은 일이 반복되었다. 5일 내내 따뜻한 바람과 눈부시게 푸른 바다를 즐긴 끝에 또다시 항공기 결함에 시달릴 줄이야. 내 안에 다양한 '자아들'은 눈앞에 펼쳐지는 상황에 대해 이야기를 만들고 싶어 했다. 마치 내 방 안에 경기복을 차려입고 출전을 벼르는 오합지졸 스포츠팀이 자리하고 있는 듯했다. 내 안에는 수많은 선수들이 있었다. 누구든 비난하고 싶어 안달 난 '나'도 있고, 스스로를 피해자로 여기며 연민에 빠져드는 '나'도 있고, 심지어 내가 항공기를 운전하는 게 낫겠다고 믿는 '나'도 있었다. 그들은 모두 경기에 출전하겠다고 아우성쳤다. 그곳에서 거대한 '나', 어른스럽고 차가운 머리를 가진 진짜 '나'는 궁지에 몰린 코치처럼 선수들을 진정시키려고 정신없이 뛰어다니며 외쳤다. "다들 진정하고 얌전히 벤치에 앉아 있지 못해!"

그 순간 깨달았다, 훌륭한 문지기에게는 도우미가 필요하다는 것을. 그래서 나는 관리인을 추가했다.

관리인은 이미 오래전부터 수많은 선수들이 내 방에 들어와 있다는 것을 잘 안다. 내가 현실감각을 잃고 과거의 수많은 내 모습 중 하나로 돌아간다면, 관리인은 나의 일부가 방향감각을 상실한 채 과거의 발달 단계로 돌아가 그 수준에서 삶의 문제를 해결하려 한다는 것을 알아차린다. 과거의 '나'들은 강력하고 강압적인 의견을 제시하며 통제권을 뺏으려 한다. 그들의 요구가 충족되거나 주목받지 못할 때 광란이 펼쳐진다. 휴가를 마치고 집에 돌아오기 위해 공항에서 기다리던 그날의 나처럼. 겉으로는 햇빛에 잘 그을리고 느긋한 모습일 수 있겠지만, 내면에서는 짜증이 끓고 있었다. 이제 관리인이 이 광란을 막을 차례였다.

현실적인 관점에서, 스타벅스에서의 작가 모임, 회의실, 차량국 사무실, 혹은 저녁 식사자리에 어떤 선수가 나타나는지 아는 것은 나의 시간 계획과 일정을 비롯해 모든 우선순위를 관리하는 데 도움이 된다. 문지기와 관리인은 내 방 안팎에서 선수들을 유심히 관찰하는 동지들이며, 내가 분노와 불안을 많이 덜어내는 방식으로 선수들에게 대응하도록 돕는다. 그 결과 그들은 절대 무대의 주인공이 될 수 없다. 주인공은 나다.

문지기와 관리인 활용하기

문지기와 관리인은 당신의 방에 누구를 들일 것인지, 그들을 어디로 안내할 것인지에 관한 기준을 설정할 수 있게 해준다. 이 책에서는 이 초기 단계에 유용하다고 여겨지는 조언들을 공유한다. 이를테면 당신의 내면을 타인의 겉모습과 비교하지 않도록 경계해야 하고, 어떤 사람이든 확실한 자리가 정해지지 않은 상태에서는 방 안에 들이지 말아야 한다.

앞서 당신은 과거의 실수가 현재와 미래의 당신에게 영향을 미치는 정도를 제한할 수 있다는 것을 알게 되었다. 당신은 실수의 결과를 눈에 띄지 않는 뒤편으로 이동시킬 수도 있고, 반대로 눈에 잘 띄는 곳으로 보내 당신이 원하는 미래를 만들기 위한 중요한 교훈으로 삼을 수도 있다.

어떤 사람들은 문지기와 관리인을 이용하는 것이 너무 냉정하고 계산적인 처사가 아닌지 묻는다. 인간관계를 늘 득실의 관점에서만 저울질한다면, 인생이 수수께끼나 놀라움이 결여된 지루한 계산식으로 바뀌는 건 아닐까 걱정한다. 모든 관계가 그렇게 거래적이어야 하는가? 인생은 오로지 본인의 이익만을 추구하는 게임인가?

전혀 그렇지 않다! 이것은 수수께끼, 놀라움, 사랑, 가슴 떨림, 인생의 모든 복잡하고 경이롭고 인간적인 요소들을 위한 공간을 만들어내는 방법일 뿐이다. 진실하고 조화로운 삶을 살기 위해서는 당신에게 가장 중요한 관계 속에서 무슨 일이 벌어지고 있는지를 깊이 이해하고, 사람들을 방 안의 어떤 구역으로 보낼 것인지 신중히 선택해야 한다. 소크라테스의 유명한 격언인 "성찰하지 않는 삶은 살 가치가 없다"는 당신의 방에도 적용된다. 당신이 발견한 내용을 어떻게 적용할 것인지는 전적으로 당신에게 달려 있다.

방의 규칙 #2 방 안의 사람들을 이동시킬 수 있다

당신의 방에 무료로 기거하는 사람들이 있다. 3년간 얼굴한번 보지 못한 교활한 처남이나 매형, 시끄러운 이웃, 직접만난 적은 없지만 매일 떠올리는 정치인, 당신의 마음을 사로잡은 잘생기고 인기 많은 유명인……. 이 사람들은 월세도 안내고 당신의 방에 산다. 즉, 당신과의 관계를 위해 아무것도내놓지 않는다. 그들은 당신에 대해 전혀 생각하지 않지만, 어쨌든 당신의 방에 머물며 시선을 끈다.

이 사람들이 당신에게 자꾸 다가온다면, 그냥 무시하는 것만으로는 충분하지 않다. 그들을 어디로 보낼 것인지 결정하고 조치를 취해야 한다. 관리인은 사람들을 멀리 떨어진 곳이나 그늘진 구석으로 안내할 수 있다. 문지기는 그런 사람들이애초에 문을 통과하지 못하도록 더욱 경계해야 한다.

당신의 마음 바깥세상에서 이러한 행동은, 소셜미디어 친구 목록을 정리함으로써 당신의 삶에 가치를 부여하는 사람들하고만 교류하는 것처럼 간단할 수 있다. 그런 사람들이 전부 사적으로 아는 친구일 필요는 없다. 하지만 그들의 존재가당신에게 긍정적 영향을 미칠 수 있어야 한다. 그렇지 않은 사람들의 경우, 그들이 제공하는 분노나 은밀한 욕망 같은 자극은 당신이 자기 인생을 사는 것을 방해할 뿐이다.

→ 이제 훈련을 해보자. 당신을 위한 문지기와 관리인에 대해 설명해보자. 구체적일수록 더 좋다. 그들은 어떻게 생겼는가? 어떤 옷을 입고 있는가? 그들은 당신에게 말을 거는가, 아니면 가만히 지시를 듣고 있는가? 그들은 당신이 과거에 만났던 실존 인물일 수도 있고 가상의 인물일 수도 있다. 창의력을 발휘하고 싶다면, 배우, 스포츠 스타, 성인聖人, 당신이 존경하는 역사적 인물을 상상해도 좋다. 제 역할만 해낼 수 있다면 누구든 괜찮다.

당신에게 남은 숨에 관하여
제닌의 이야기

제닌 로스Geneen Roth는 〈뉴욕타임스〉 베스트셀러 《음식이 사랑일 때 When Food Is Love》, 《여자, 음식, 신Women, Food and God》 등을 비롯해 8권의 책을 썼다. 제닌의 이야기를 들어 보자.

여덟 살 때, 아버지는 내게 존 건서John Gunther가 본인의 아들 조니의 삶과 죽음에 관해 쓴 책 《죽음이여 뽐내지 마라Death Be Not Proud》를 주셨다. 마지막 페이지를 넘길 무렵, 나는 건강 염려증이 생겼고 죽음에 완전히 사로잡혔다. 여덟 살배기가 죽었다는 것을, 그리고 모든 인간이 죽는다는 것을 받아들이기 힘들었다. 불공평하고 부당해 보였다.

20~30대 무렵, 나는 죽음에 대한 집착을 영적인 훈련으로 승화했다. 불교 명상을 배웠고, 스승들과 함께 무덤으로 가서 내가 진작 알고 있었던 걸 다시 배웠다. 인생은 짧다는 것, 사람은 죽는다는 것, 우리 모두 예외는 아니라는 것. 나는 영적인 훈련으로 많은 것(편안함과 사랑스러움과 나의 미치광이 같은 마음 등)을 배웠지만, 죽음에 대한 공포를 떨쳐버리진 못했다. 굳이 따지자면 오히려 공포가 커졌는데, 이는 모든 삶, 특히 내 삶이 짧다는 것을 절실히 깨달은 탓이었다.

그러다가 예기치 못한 일이 일어났다. 별로 위험하지 않은 병원 치료를 받던 중에 목구멍이 턱 막혔고, 심박수가 치솟았고, 혈압이 떨어졌고, 마치 내 의식이 육체를 떠나는 듯한 이상한 느낌을 받았다. 나는 내가 그것을 겪는 중이라는 걸 인지할 수 있었다. 나는 죽어가고 있었던 것이다. 어느 평범한 날에 급작스럽게 그런 일이 벌어졌다는 사실에 놀랐던 기억이 난다. (내가 상상한 죽음의 순간은 아름다운 하프 선율과 난초, 사랑하는 사람들과의 긴 눈맞춤이었다. 보라색 간호복을 입은 간호사와 안경 쓴 의사가 있는 좁고 차가운 검사실이 아니라.)

임사체험의 순간에, 그리고 그 이후에 여러 통찰을 얻었지만 가장 기억에 남는 것은 내가 죽음을 두려워했던 그 모든 시간이 실은 죽어가는 순간이나 죽음 자체의 문제가 아니라는 깨달음이었다. 그건 오히려 삶에 관한 문제였다. 끝에 대한 두려움이 아니라, 그 순간이 오기 전까지 줄곧 깨어 있기를 바라는 갈망이었다. 시인 메리 올리버Mary Oliver가 말한 것처럼, 내 삶이 후회나 고갈이 아니라 '경이감과 결합한' 삶이기를 바란 것이다.

병원에서 집으로 돌아온 뒤 나는 내가 사랑하는 것들의 목록을 만들었다. 내가 그 진료실에서 죽었다면 후회했을 법한, 미처 시도하지 못한 일들의 목록도 만들었다. 목록은 아주 짧고 놀랍도록 단순했다. 거기에는 글쓰기, 남편과 함께하기, 자연 속에서 시간 보내기, 학생들과 함께 작업하기, 친구들과 시간 보내기가 포함되었다. 서두르지 않기, 카페에서 점원과 눈 맞추기, 설거지 같은 작은 일에도 최선을 다하기 같은 항목도 있었다.

나는 개인적으로 싫어하는 일들을 중단하기 시작했다. 내키지 않는 파티 초대는 거절했고, 받기 싫은 초대장은 안 받았다. 별생각 없이 등록한 대학원 과정도 중단했다. 대신 내가 몇 년째 쓰려고 했던 책을 쓰기 시작했다. 우리 집 진입로에 있는 단풍나무를 비롯해 여러 나무를 돌봤다. 남편에게 내가 얼마나 우리 결혼 생활을 소중히 여기는지 시시때때로 말했다. 매일, 매 선택의 순간마다 스스로에게 질문을 던졌다. 이것은 '내게 남아 있는 숨'을 바칠 만한 가치가 있는 일인가? 우리에게 남은 숨이 유한하다는 것을 깨달으면, 그 남은 숨으로 무엇을 해야 하는지가 명확해진다.

그로부터 5년이 흘렀고, 나는 여전히 '숨'에 대한 질문을 하고 있다. 물론 항상 그런 건 아니다. 심한 부부싸움을 할 때 내 머릿속에 떠오르는 건 '숨'이 아니라 복수심뿐이다. 하지만 그런 순간에도 나는 벼랑 끝에서 발을 빼며 이렇게 생각한다. 우리가 살아 있을 수 있는 시간이 앞으로 10분 정도밖에 안 된다고 할 때 나는 단 한 순간도 놓치고 싶지 않다고. 혹은 단 한 '숨'도 놓치기 싫다고.

운전하는 차의 앞 유리창으로 날아드는 눈발처럼 당신을 향해 돌진하는 복잡한 세상 속에서 당신이 가장 큰 가치를 두는 것에 주의를 집중하는 건 좋은 전략이다. 당신의 방 안으로 누구를, 무엇을 들여야 할지 파악하기 위한 다른 방법은 그에 따른 비용을 따져보는 것이다.

당신이 누구를, 그리고 무엇을 당신의 삶으로

끌어들이는지를 더 의식적으로 파악할수록

당신은 그와 관련하여 더 많은 일을 할 수 있다.

3장

내 방 안에
들어와 있는 사람들

당신의 문지기와 관리인이 도와줄 준비를 마쳤으니 이제 그들은 방 안에 있는 사람들에 대한 모든 것을 알아야 한다. 당신은 지금 껏 많은 사람을 방에 들였으므로, 새로운 누군가를 방에 들이기 전에 지금 방 안에 있는 사람들을 살피는 시간을 가져야 한다. 당신의 방을 더욱 철저하게 조사할 시간이다.

우선 충분한 시간을 갖자. 당신의 방에는 많은 사람이 있다. 그 사람들의 분류 작업에 앞서, 우선 당신의 방이 지금 어떤 모습인지부터 확인하자. 누가 당신 바로 옆에 있고, 누가 멀리 떨어져 있는가? 가장 시선을 끄는 사람은 누구인가? 당신의 방에는 요란하고 골치 아픈 사건들이 벌어지고 있을지도 모른다. 반대로 조용하고 심지어 조금은 지루할 수도 있다. 당신의 방에서 가장 눈에 띄는 사람들은 누구인가? 언제 들어왔는지도 모르는데, 정신을 차려보니 코앞에서 소리치고 있는 사람들은 누구인가? 당신은 애초에 왜 그 사람들을 방으로 들였던 걸까?

어떤 사람들이 당신 가까이 있다는 게 무슨 의미인지 생각해보자. 다음은 쉽게 적용할 수 있는 몇 가지 분류 예시이다.

물리적으로 가까운 사람

말 그대로 내 가까이에 존재하는 사람들이다. 가족, 룸메이트, 이웃, 직장 동료일 수도 있고, 최소 주 1회는 만나는 친구일 수도 있다. 어쩌면 부모와, 혹은 성인이 된 자녀와 정기적으로 저녁 식사를 할지도 모른다. 마음의 눈으로 가까이에 있는 그들을 한번 살펴보자. 물리적인 근접성 탓에 그들은 당신의 관심을 끌 수밖에 없다.

자꾸 관심을 빼앗는 사람

당신에게 매주 메일이나 전화를 하는 사람, 혹은 모든 메일에 당신을 참조인으로 넣는 사업 파트너일 수도 있다. 당신은 그 모든 메일을 확인하고 답장을 해야 할지 말아야 할지 결정해야 한다. 당신이 소셜미디어를 자주 사용할 경우에도 특히 가까운 사람이 있다. 매번 타임라인에 반려동물이나 자녀의 사진을 올리는 사람들 말이다. 당신은 그들과 별로 가깝지 않다고 생각할지도 모른다. 하지만 그렇다면 그들은 왜 그토록 당신의 관심을 많이 빼앗는 것일까?

존재감이 지속되는 사람

당신이 이미 끝난 관계라고 생각해왔지만 실은 가까이에 있는 사람을 의미한다. 이를테면 가끔 환청처럼 목소리가 들리고 장점이 됐든 단점이 됐든 계속 떠올리게 되는 헤어진 연인, 혹은 옛 직장 상사 같은 사람들 말이다.

내 방에만 남아 있는 사람

현재 살아 있지 않지만 여전히 당신의 마음속에서 많은 시간을 차지하는 이들도 가까운 사람들이다. 죽은 뒤에도 큰 영향을 미치는 사람으로, 보통 부모가 여기에 해당한다. 혹은 어린 시절의 선생님이나 먼저 떠나버린 배우자나 가족도 해당될 수 있다.

이쯤 되면 벌써 많은 사람이 머릿속에 떠올랐을 것이다. 그들의 이름을 적어두면, 그들이 어느 그룹에 속하는지 분류하는 다음 작업을 좀 더 원활하게 진행할 수 있다.

컴퓨터로 명단을 작성하는 사람도 있을 텐데, 그게 편하다면 그 방식도 좋다. 하지만 직장이나 가정에서 키보드 쓸 일이 많은 사람이라면, 종이 위에 펜이나 연필로 명단을 작성할 것을 권한다. 손글씨는 타자보다 더 신중한 작업이다. 반듯하고 읽기 좋은 정자체로 천천히 글을 쓸 경우에는 더더욱 그러하다. 페이지 형식은 원하는 대로 변경할 수 있다. 당신이 작성한 명단에 점수를 매기는 사람은 없다. 당신이 원하지 않을 경우, 그 누구에게도 보여줄 필요가 없다.

누가 가까이 있고 누가 멀리 있는가

➡ 자신을 중심으로 여러 겹의 동심원을 그린 뒤, 현재 당신에게 가깝거나 먼 사람들을 정리해보자. 그들이 속해야 하는 곳이 아니라, 현재 있는 곳을 기준으로 위치를 정하자([그림 3-1]).

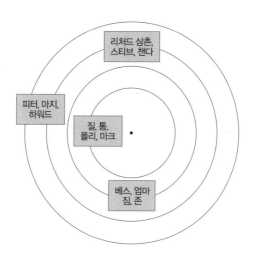

[그림 3-1] 마음속 방에서 사람들의 위치를 정리하는 방법

방 안에 있는 사람들을 파악하는 훈련의 또 다른 예시는 그들이 어디에 속해 있는지, 어디에서 왔는지를 기준으로 명단을 작성하는 것이다. 즉, 그룹별로 정리해보는 것이다. 각각의 항목별로 한 페이지를 할애하거나 세로로 길게 작성해보자. 방 안을 둘러보면서 각각의 사람들에게 어울리는 항목을 떠올린다. 그런 다음, 그들이 당신에게 얼마나 가까운지, 혹은 멀리 있는지 가늠하면서 그 거리에 따라 숫자를 매기거나 각각 다른 색깔을 입힌다([표 3-1]의 예시를 참고하자).

가정	직장	교회	이웃
에이미 ①	젠 ③	짐 ②	필 ②
밥 ①	애슐리 ③	배리 ③	실비아와 잭 ④
고든 ①	토미 ③	캐롤린 ③	마크와 매리 ③
앨리스 ①	스콧 ③	팸 ④	브리 ③
그레이스 ②	에마 ④	베스 ②	히로 ②
스펜서 ②			

[표 3-1] 방 안의 사람들을 그룹별로 정리하는 방법

이 훈련을 하면서 어려움을 느낀다면, 일상에서의 몇 가지 추가적인 단서를 통해 당신의 방에 누가 있는지 파악할 수 있다. 공책 맨 위쪽에 다음 질문을 하나씩 적은 다음, 머릿속에 떠오르는 사람들의 이름을 적어보자. 그냥 사람 이름만 적어도 좋지만, 한

발 더 나아가 자신의 방을 더 자세히 살피고 싶다면 그 사람에 관한 설명을 덧붙여보자. 그리고 그 과정에서 당신의 감정적인 반응을 유심히 관찰해보자.

- 어떤 사람에 관한 기억이 자주 떠오르는가? 그 기억은 늘 같은 순간인가, 아니면 무작위로 떠오르는 여러 순간인가?
- 내가 전화나 메일을 받았을 때 곧바로 주의를 기울이는 사람은 누구인가? 이유는 무엇인가?
- 내가 밀어내는 사람은 누구인가? (예: 전화나 메일에 답하는 것을 미루는 경우)
- 내가 지금 미워하거나 몇 년째 미워해왔던 사람이 있는가? 그와의 거리는 얼마나 가까운가?
- 내 삶에서 반복적으로 등장하는 자극과 연관된 사람은 누구인가? 나는 그 사람을 하루 한 번 이상 떠올리는가? (예: 뉴스에 자주 나오는 정치인이나 유명인 등)
- 내가 진심으로 사랑하는 사람, 혹은 오랫동안 사랑해왔던 사람은 누구인가?
- 생각만 해도 기분이 확 나빠지거나 어떤 일에 대해 따지고 싶을 만큼 많이 미워하는 사람이 있는가?
- 내 꿈에 자주 등장하는 사람이 있는가? 그 꿈은 늘 같은 상황인가, 매번 다른 상황인가? 그는 지금 나와 연락이 되는 사람인가, 아니

면 내 방에서 순전히 심리적인 공간만 차지하고 있을 뿐인가?(예:
연락이 끊긴 친구, 돌아가신 조부모 등)

예시 대답은 다음과 같다.

- **내가 전화나 메일을 받았을 때 곧바로 주의를 기울이는 사람은 누
구인가? 왜인가?**

답변 나는 패트리샤의 메일에는 늘 곧바로 답변을 한다. 내가 깜빡
잊고 바로 답장을 안 할 경우 다음 날 다시 메일을 보내 혹시 무슨 문제
가 있느냐고 물을 것이기 때문이다. 패트리샤가 보낸 메일 내용이 그
렇게 중요하다고 생각되지 않는 경우도 종종 있지만, 내가 그녀를 무
시하는 것처럼 비치는 게 싫어 곧바로 답장하는 걸 보면, 내게 꽤 가까
운 사람 같다.

- **내가 진심으로 사랑하는 사람, 혹은 오랫동안 사랑해왔던 사람은
누구인가?**

답변 남편은 내 방에서 나와 가장 가까운 사람이고 앞으로도 늘 그럴
것이다. 우리가 만난 지 얼마 지나지 않아 나는 그가 내 삶의 단짝이라
는 걸 알게 되었다. 그렇게 16년이 흘렀고 나는 힘든 시기에도 그를
온전히 신뢰하고 사랑한다.

나는 내 남동생을 사랑한다. 그는 큰 불행을 겪었지만, 불평 없이 꿋

꿋이 삶을 살아간다. 나는 그의 끈기를 존경하며 그건 일종의 용기라고 생각한다. 어떻게 하면 남동생과 더 가까워질 수 있을까?

명단 작성에 어려움을 느낀다면 다음에 소개된 기술을 이용해보자.

- 연락처 목록이나 링크트인, 페이스북 등의 소셜 서비스를 통해 100명의 명단을 확보한다. 그런 다음, 당신이 그 관계에 얼마나 많은 시간과 에너지를 쏟았는지를 기준으로 그 사람들을 분류한다.
- 연락처 목록이 없다면, 당신의 방에 있는 모든 사람들 중에 이름이 'ㄱ'으로 시작하는 사람들을 모두 나열한다. 그런 다음, 이름이 'ㄴ'으로 시작하는 사람들을 나열한다. 모든 사람을 가나다순으로 정리한다면 충분한 명단이 작성될 것이고, 그때부터 당신의 방에서 어떤 위치에 있는지에 따라 사람들을 분류한다.

방의규칙 #3 미래 비용이 더 중요하다

아직 깨닫지 못한 사람이 있을 듯해서 다시 말하자면, "당신의 방에는 누가 있는가?"는 스스로에게 온전히 솔직해지기 위한 평생의 질문이다. 스스로에게 솔직하기란 쉽지 않은데, 우리가 좋은 관계와 나쁜 관계 등 인생의 모든 관계에 감정적인 투자를 하기 때문이다.

당신이 방의 변화에 거부감을 느낀다면, 잠시 멈추고 그 거부감의 원인을 살펴보자. 특히 당신이 투자자들이 흔히 말하는 매몰비용의 함정에 빠진 건 아닌지 생각해보자. 당신이 어떤 인간관계를 놓지 못하는 이유는 지금까지 투자한 시간이 아깝다고 느껴지기 때문일 수 있다. 이 관계를 끊으면 그 투자 비용은 영영 회수할 수 없다. 하지만 이미 투자한 것보다 앞으로 더 투자할 것을 생각하면 답은 분명하다.

거주자들의 명단이 필요하다

당신이 누구를, 그리고 무엇을 당신의 삶으로 끌어들이는지를 더 의식적으로 파악할수록 당신은 그와 관련하여 더 많은 일을 할 수 있다. 누구를 방으로 들이는지, 혹은 들이지 않는지 아는 것은 아주 중요한데, 우리가 방 안에 들인 사람들과 평생을 함께 살아야 하기 때문이다. 지금 이 순간 당신의 방에 있는 사람은 그곳에서 영원히 한 자리를 차지하게 될 것이다.

최근 연구에 따르면 시간이 흐른다고 해서 기억이 그냥 잊히는 건 아니다. 신경생물학자 제프리 존슨Jeffrey Johnson은 실험 참가자들이 어떤 특정한 기억을 떠올리지 못하더라도, 그들의 뇌는 그 기억을 간직하고 있는 것처럼 반응한다는 사실을 발견했다. 일부 전문가들은 기억의 지속 시간과 강도에 대해 몇 가지 흥미로운 부분을 지적했다. 앞서 소개되었던 정신과 의사 겸 신경과학자 대니얼 에이먼은 인터뷰에서 이렇게 말했다. "기억은 단순히 삭제되지 않습니다. 사실 그 기억과 얽힌 감정은 사람의 마음속에 단단히 닻을 내리죠."

비록 우리가 과거를 돌이킬 수는 없지만, 더 나은 미래를 만들기 위해 방을 정리하는 건 가능하다. 하지만 정리 작업에 들어가기 앞서 당신이 다루는 대상이 누구이고 무엇인지부터 명확히 알아야 한다.

방에 있는 사람들의 명단이 준비되었다면, 이제 전체 내용을 찬찬히 살펴볼 시간이다. 당신이 방 안의 누구와 있을 때 행복한지, 할 수만 있다면 누구를 쫓아내고 싶은지 생각해보자. 이것은 아주 사적인 작업이지만, 자신의 인생을 차근차근 짚어보면서 다음의 항목별로 명단을 작성해볼 것을 권한다. 이것은 영감을 제공하기 위한 일종의 출발선이다. 각 항목마다 얼마나 많은 사람들이 있는지 생각해보자. 이 내용을 그냥 가볍게 훑고 지나가서는 안 된다. 당신의 방에 있는 사람들 중 각 항목에 속하는 사람들이 몇 명인지 생각해보고 이름을 적어보자.

- 가족 구성원

- 친구 및 지인

- 이웃 및 지역공동체 구성원

- 업무 관련 인물(동료, 상사, 고객, 계약자, 파트너 등)

- 기관 혹은 단체의 구성원(종교, 사회, 비즈니스, 스포츠 동호회 등)

- 소셜미디어 관련 인물(팔로잉, 댓글, 메시지, 리트윗 등을 통해 교류하는 인물)

- 기타 '스크린타임' 관련 인물(블로거 등 온라인에서 팔로우하는 사람, TV에서 자주 보는 사람 등 그들이 당신 머릿속에 있다면 그들을 방으로 들인 것이다)

- 당신이 힘을 쏟기로 마음먹은 가치와 연관된 인물(사회운동, 지지 정당, 학교 위원회 관계자 등)

이 모든 사람을 떠올릴 때, 당신은 자신의 방이 얼마나 붐비는지 알게 될 것이다. 그동안 자신이 방으로 들인 사람들을 떠올리며 몸서리치는 사람도 있을 것이다. 자신의 명단에 대체로 만족하면서도, 도대체 어쩌다가 고등학교 때 자신을 괴롭힌 동창의 소셜미디어 친구 요청을 수락해버린 건지 모르겠다며 머리를 긁적이는 사람도 있을지 모른다.

방에 있는 사람들의 명단이 완성되었다면, 이제 각각의 인물이 당신의 인생과 방으로 가져오는 파급 효과에 대한 평가 작업을 시작할 수 있다. 다음 장에서 방에서 가장 영향력 있는 사람들을 다루는 방법을 알려줄 것이다.

아침과 저녁의 시각화 훈련

➡ 1장에서 당신은 당신의 방을 구체적으로 시각화했다. 그다음은 당신이 하루 2번씩 간단히 실시할 수 있는 짧은 훈련이다. 당신의 방에 대한 새로운 아이디어가 언제 떠오를지 모르니 늘 공책을 옆에 준비해두자.

- 아침: 당신의 방의 세부사항을 살펴보자. 누가 가까이 있고 누가 멀리 있는가? 누가 흐릿하게 보이고 누가 선명하게 보이는가? 이유는 무엇인가?
- 저녁: 오늘 하루 당신과 가까웠던 사람들은 누구인가? 어떤 교류를 했고, 그 이유는 무엇인가? 그들은 좋은 영향을 미쳤나, 나쁜 영향을 미쳤나?

이 짧은 훈련은 여러 종교적인 의식에서 그날 하루를 되돌아보는 과정과 비슷하다. 이 훈련은 당신의 방에서 무슨 일이 벌어지는지 파악하고 어떤 조치를 취할지 결정하는 데 도움을 준다.

어떤 일들은 반드시 직접 해야 한다
매트의 이야기

매트 와인스타인Matt Weinstein은 캘리포니아에 소재한 혁신적인 팀 구축 컨설팅 회사의 창립 회장으로, 전 세계를 돌아다니며 많은 일을 한다. 많은 상을 수상한 연설가이자 동기 부여 전문가이기도 하다. 매트의 이야기를 들어보자.

대학시절 룸메이트들과 남극에서 휴가를 보내고 있었다. 물론 그곳은 해변 휴양지가 아니다! 하지만 우리는 러시아 쇄빙선을 타고 멋진 항해를 했다. 펭귄들이 사방에 있었고, 빙산들이 거대한 조각품처럼 주변을 떠다녔으며, 어디로 눈을 돌려도 숨이 멎을 듯한 절경이 보였다.

여정이 반쯤 지났을 무렵, 선박 내 확성기를 통해 위성전화를 받으러 조타실로 오라는 호출을 받았다. 서둘러 계단을 뛰어올라갔다. 수화기를 들어보니 아내 제닌이었다. 아내의 목소리는 조용하고 침착했지만, 그때 아내가 내뱉은 몇 마디는 내 삶을 송두리째 뒤흔들었다. "버니 메이도프가 체포됐어. 그가 운영하는 펀드는 전부 사기였어."

그렇게 우리는 평생 모은 재산을 전부 잃었다. 앞으로 주택담보 대출금을 상환할 수 있을지 확신할 수 없었다. 전화로 몇 분간 걱정스러운 대화를 나누다가 아내가 정신을 차리고 말했다. "그런데, 여보, 이제 우리는 1분당 10달러씩 하는 위성전화 요금을 감당할 형편이 아니야."

아내와 나는 열흘 후 다시 만났다. 우리는 메이도프가 우리 돈을 모조리 훔쳐갔지만 우리의 남은 삶까지 훔쳐갈 순 없다고 결론 내렸다. 철학자 조지프 캠벨이 말하지 않았던가. "때로는 우리를 기다리고 있는 삶을 살기 위해 우리가 계획했던 삶을 기꺼이 보내주어야 한다."

나는 최대한 빨리 일을 시작했다. 돈을 벌려면 최대한 많이 일해야 했다. 지난 40년간 나는 사람들에게 웃음, 놀이, 재미를 바탕으로 공동체 만드는 것을 가르쳐왔다. 하지만 웃음과 놀이의 힘에 대해 진심으로 논하기 위해서는, 재앙 같은 상황에도 불구하고 우선 내 삶에서 웃음과 놀이의 가능성을 발견해야 했다.

아내는 《여자, 음식, 신》의 집필을 마무리하는 작업에 돌입했다. 우리는 창의적인 프로젝트에 열정적으로 매진했다. 재정적 형편은 열악했지만, 우리는 그것을 순순히 받아들이며 앞으로 나아갔다.

오프라 윈프리가 《여자, 음식, 신》을 읽고 〈O, 더 오프라 매거진〉에 리뷰를 실었다. 오프라 윈프리 네트워크에서 2회 방송에 걸쳐 집중적으로 소개된 덕분에 《여자, 음식, 신》은 〈뉴욕타임스〉 베스트셀러가 되었다. 우리가 전 재산을 순식간에 잃은 것만큼이나 빠른 속도로 돈이 들어왔다. 친구 한 명은 이렇게 말했다. "너희가 가난했던 건 정말 잠깐이었어!"

사실 이런 일은 처음이 아니었다. 몇 년 전, 나는 오랫동안 내 재정 고문이었던 사람에게 사기를 당했다. 당시 소식을 들은 친구가 내게 말했다. "너한테 벌어진 일은 정말 유감이야. 난 지난 30년간 한 번도 손실이 나지 않았고 아는 사람만 가입할 수 있는 펀드 상품을 알고 있어. 내가 그 펀드에 널 끼워줄게." 나는 곧바로 그 펀드에 가입했다. 그 펀드가 바로 메이도프 투자증권 상품이었다.

두 번째 손실 이후, 나는 오랫동안 내 돈을 아버지 같은 인물들, 즉 내 돈을 대신 잘 관리해줌으로써 내가 내 결정에 책임지지 않도록 해주는 사람들에게 맡겨왔다는 사실을 깨달았다. 그 방식을 통해 내가 특별한 사람이 된 듯한 기분, 혹은 보호받는 듯한 기분을 느꼈고, 골치 아픈 돈 관리에 대해 직접 공부할 필요가 없다고 생각했다. 내 방에 있던 건 바로 그런 사람이었다.

그때부터 나는 돈 관리의 기본적인 원칙들을 배웠다. 내가 이해할 수 없는 상품에는 절대 투자해서는 안 되고 무엇보다 분산 투자가 중요했다. 그리고 한 가지 더. 나는 나의 문지기에게 아버지를 닮은 매력적인 사람들을 방에 들이지 말라고 지시했다. 더 중요한 교훈은, 재정 문제와 관련하여 내 방에 들일 수 있고 유일하게 믿을 수 있는 사람은 성숙한 버전의 나 자신이라는 것이다. 처절한 대가를 치르고 돈 관리의 중요한 원칙들을 깨우쳤으며, 돈 문제에 관해 스스로 공부하고 결정에 대한 책임을 질 수 있는 그런 나 자신 말이다. 물론, 오프라가 내 방에 들어오길 원한다면 언제든 두 팔 벌려 환영할 준비가 되어 있다.

당신은 당신의 방이 자동조종 모드로 움직이는 비행기와 같다고 생각할지도 모른다. 하지만 기억하자, 자동조종 모드 환경을 설정하는 사람은 당신이라는 것을. 당신은 항공기 조종 장치를 설정하면서 자기 자신을 믿는 법을 배워야 한다. 또한, 스스로 방 안에 머물러야 한다는 사실을 명심해야 한다.

가치는 당신 방에 존재하는 모든 관계의 토대이자

사람들을 방 안으로 들이는 결정의 프레임워크이자

사람들이 속한 구역을 결정하는 기준이다.

4장

딜메이커와
딜브레이커

당신의 방, 문지기, 관리인과 함께하는 삶에서 소란과 혼란을 제거하면 평온함을 얻을 수 있다. 하지만 그들이 자기 역할을 하려면 훈련이 필요하다. 문지기와 관리인은 누구를 들여야 할지, 그 사람들을 어디로 안내해야 할지 어떻게 알 수 있을까? 이 질문과 씨름하는 사람들을 다양한 각도에서 관찰한 끝에, 문지기와 관리인을 훈련하는 가장 효율적인 방법은 그들이 사람들의 가치에 아주 민감해지도록 하는 것임을 발견했다. 가치는 당신 방에 존재하는 모든 관계의 토대이자 사람들을 방 안으로 들이는 결정의 프레임워크이자 사람들이 속한 구역을 결정하는 기준이다. 가치는 투표권이다. 다시 말해, 자신의 가치에 대해 명확히 파악하고 앞으로 누구를, 어떤 이유에서 방으로 들일 것인지 개인적인 선언을 하는 것과 같다.

첫째, 당신의 시간을 잡아먹는 것이 당신의 마음을 통제한다는 것을 이해해야 한다. 여기에는 당신이 시간을 쏟는 일, 놀이, 사람들이 포함된다. 요즘 당신이 시간을 쏟는 것은 무엇인가? 그것에 대해 어떻게 생각하는가? 당신의 시간을 쏟는 대상을 생각할 때 행복하지 않다고 해도, 좋은 소식이 있다. 당신은 그 상황을 바꿀 수 있다. 그 변화는 당신이 포용하는 가치로부터 출발한다.

다른 사람들은 당신에게 가장 중요한 가치가 무엇인지 알 수 없다. 그것은 당신만이 알 수 있다. 방에 누구를 들일 것인지 판단할 때 기준이 되는 가치를 스스로 명확히 하지 않는 한, 아무도 당신에게 도움을 줄 수 없다. 그 가치를 정립한다면, 삶 속의 인물들에 대한 생각이 바뀌기 시작하는 걸 확인할 수 있다. 이를 통해 삶의 모든 영역에 긍정적인 변화가 찾아올 것이다.

이 과정에 많은 시간을 쏟을 수도 있고 적은 시간을 쏟을 수도 있지만, 우선 이 훈련의 중요성을 인지하기를 바란다. 당신의 방과 인생을 통제하고자 한다면 자신이 중시하는 가치부터 파악해야 한다. 자신의 가치를 세세하게 아는 것은 당신이 원하는 방을 만드는 기초가 된다. 그 과정은 결코 고통스럽지 않을 것이다.

가치에 대해서는 여러 의견이 있지만, 우선은 가치가 말이 아닌 행동으로 드러난다는 단순한 원칙에 동의한다. 스탠퍼드대학교 경영대학원의 명예교수 제리 포라스Jerry Porras는 말했다. "이제 더는 말을 믿지 않아요. 저는 오로지 행동만 믿습니다." 동의하는 바다.

이 장에서는 당신에게 중요한 가치, 그리고 당신의 방에 있으면서 행동을 통해 그 가치를 포용하거나 포용하지 않는 사람들 간의 상관관계를 살펴볼 것이다. '가치 명명하기value-naming'는 거대한 프로젝트이다. 현실적인 목적 달성을 위해 당신에게 가장 중요하다고 여겨지는 가치로 범위를 제한할 것이다.

이 책의 주제를 가지고 다양한 사람들 앞에서 강연을 할 때 늘 하는 질문이 있다. "여러분이 삶에서 가장 중요하다고 여기는 일련의 개념, 믿음, 열망, 다시 말해 여러분의 가치가 무엇인지 알고 있나요?"

이 질문 뒤에는 무거운 침묵이 내려앉는다.

반대 개념의 가치를 알려주는 딜브레이커

갑자기 질문을 받았을 때 자신에게 가장 중요한 가치를 곧바로 말할 수 있는 사람은 아주 드물다. 세상에 존재하는 수많은 가치들을 두고 어떻게 순위를 매길 수 있을까? 이때 항상 유용한 요령이 하나 있다. 사람들은 자신의 가치 목록 작성을 어려워하지만, '딜브레이커dealbreaker'가 누구인지는 잘 알고 있다. 예컨대, 받기만 하고 주지는 않는 사람, 당신의 기를 빨아먹는 사람, 그들이 바로 딜브레이커이다. 당신이 오래전에 그들을 방으로 들였기 때문에 그들은 여전히 당신의 방에 있지만, 당신과 그들의 거리가 가까울 필요는 없다. 이 단계는 당신의 가치를 평가하는 데 있어 중요한 부분이다. 모든 사람에게는 딜브레이커 목록이 필요하다. 여기에는 당신이 결코 용인할 수 없는 가치, 행동, 특성, 성격, 프로젝트 등이 포함된다.

딜브레이커는 '가치'라는 단어가 추상적으로 느껴질 때 당신의 가치가 무엇인지 밝혀줄 수 있는 불빛과도 같다. 이를 통해 당신의 삶에서 결코 허용하지 않을 것들을 식별할 수 있다. 또한 그 이유를 파악하는 것은 당신의 문지기와 관리인을 위한 초기 교육으로 연결될 수 있다. 이 과정을 통해 당신의 삶에서 무엇을 허용할 것인지 더 깊이 이해할 수 있을 것이다.

사람들에게 자신의 딜브레이커가 누구인지 물으면 몇 명 정도는 금방 떠올린다. 딜브레이커는 부정적인 인상이 아주 강해 기억에 오래 각인되기 마련이다. 당신이 가장 개탄하는 인간적 특성들도 딜브레이커의 적절한 후보들이다. 이를테면 게으른 것, 겉과 속이 다른 것, 거짓말하는 것, 잦은 지각이나 권력 남용, 끼어들기, 약속 위반, 불성실하고 이기적인 것, 탐욕 부리는 것. 이것 말고도 수없이 많은 예가 있다. 이런 특성을 가진 인간, 당신을 화나게 하거나 소름 끼치게 하는 인간을 떠올려보자. 그들의 행동 중 구체적으로 어떤 부분이 당신의 신경을 건드리는지 생각해보고, 그것의 반대 개념은 무엇인지 고민해보자. 그것이 당신이 중요시하는 가치일 것이다.

이 사고실험을 하면서 상상력을 자유롭게 활용하자. 예시가 끊임없이 떠오를지도 모른다. 만약 긴 목록을 만들고 싶다면 그렇게 해도 된다. 나중에 가장 중요한 딜브레이커 몇 가지로 목록을 압축하면 된다.

더그는 자신이 별로 고려하지 않았던 가치의 중요성을 다른 사람을 통해 깨달았다. 그 사람은 아주 까다로운 분야에서 수십 년간 눈부신 성공을 거둔, 세계적으로 유명한 전문가였다. 그는 상냥하고 다정하며, 심지어 감상적인 사람이었다. 하지만 자꾸 남의 말을 끊고 끼어드는 버릇이 있었다. 더그뿐 아니라 모든 사람의 말을 끊고 자기 말만 했다. 그는 모든 대화에서 자기 의견을 너무 강요했다.

당신은 그 사람을 보면서 무례하거나 배려가 부족하다고 느낄 수 있다. 논리상 그것의 반대 가치는 배려와 공손함이다. 그렇다면 그걸 자신의 가치 목록에 넣자. 또 남의 말을 자꾸 끊는 행동을 더 자세히 들여다보면 그 사람이 우두머리 행세를 한다고 느낄 수도 있다. 그렇다면 반대 가치는 겸손함과 자제심일 수 있고, 남의 말을 듣는 능력이 부족하다고 생각하는 것이라면 반대 가치는 정중함과 공감이 될 수 있다. 혹은, 그 사람이 진짜 거슬리는 이유는 그가 타인의 잠재적 기여를 인정하지 않고 너무 이기적인 탓이라고 생각할 수도 있다. 그 경우 반대 가치는 이해심과 이타심이 될 것이다.

이제 무슨 말인지 조금 이해가 되는가? 방 안에서 당신을 미치게 하는 사람들은 반면교사의 거울을 통해 당신에게 가장 중요한 가치들을 드러낸다. 그들이 딜브레이커인 이유는, 당신이 자신의 가치를 훼손하는 인간들과 관계를 맺고 싶어 하지 않기 때문이다.

공책을 가져와서 첫 번째 딜브레이커 목록을 만들어보자. 충분히 시간을 들여 이 훈련에 임하자. 그렇게 하면 다음 질문에 답하는 게 수월해질 수 있다.

- 당신이 심하게 화내거나 좌절한 건 언제인가? 왜 그랬는가?
- 당신의 삶을 기대보다 덜 충만하게 만드는 건 무엇인가?
- 당신이 가장 싫어하는 행동은 무엇인가?
- 당신이 생각하는 최악의 고통은 무엇인가?
- 당신의 친구들과 관련된 가장 불편한 문제는 무엇인가?

이 질문들을 잘 생각해본 다음, 딜브레이커 목록을 작성해보자. 앞의 질문에 대한 답이어도 좋고, 다른 출처를 통해 얻어진 답도 좋다. 단순히 당신이 싫어하는 행동을 적으면 된다. 손톱으로 칠판 긁는 소리처럼, 우연히 마주했을 때 너무 거슬리는 행동이

나 특징을 적어보자. 거짓말, 소란스러움, 지나친 과장, 무책임, 고집스러움, 경쟁적인 자기과시 등이 포함될 수 있겠다. 다시 말해, 당신이 용인할 수 없는 행동을 떠올리고 적어보자.

떠올린 사람들의 이름을 적으면서(혹은 보안을 위해 이니셜을 적으면서) 2가지를 명심하자. 첫째, 어떤 방식으로든 당신과 관계를 맺는 딜브레이커는 항상 존재할 것이다. 이 문제는 나중에 더 자세히 논의하겠다. 당장은 딜브레이커들이 가진 자질을 파악하는 것이 중요하다.

둘째, 딜브레이커는 때때로 당신의 행동에 불편한 거울을 들이댄다. 사실 이건 받아들이기 힘든 부분이다. 자꾸 남의 말을 끊는 지인을 지켜보면서 더그는 자신이 자꾸 남의 말에 끼어들고 무심결에 사람들을 무시했던 것을 떠올렸다. 빨리 다음 이야기를 하고 싶어 마음이 급했던 것이다. 그는 남의 말을 경청하는 법을 의식적으로 배워야 했다. 자신이 공감, 친절함, 성장, 이타심을 가치 있게 여긴다는 것을 알게 되었으니, 그 가치에 맞춰 행동을 바꿔야 했다. 그는 자기 방에 있던 짜증나는 인간을 반면교사로 삼아 자신의 결점을 극복하는 법을 배우기로 마음먹었다.

다음으로, 당신이 삶에서 더 나은 결정을 내릴 수 있도록 돕는 일련의 규칙 혹은 특성들을 파악해보자. 좀 더 수월한 작업을 위해 몇 가지 예시를 준비했다. 당신의 방에 들이고 싶은 사람들과 딜브레이커들을 위한 당신만의 규칙을 정해야 한다.

당신의 방에 결코 들이고 싶지 않은 딜브레이커들을 설명하는 몇 가지 예시를 준비했다.

- 나는 지나치게 지배적이거나 자기애만 충만한 사람을 결코 용납하지 않겠다.
- 나는 늘 지각하고 약속을 까먹는 사람을 결코 용납하지 않겠다.
- 나는 항상 불평하고 징징대는 사람을 결코 용납하지 않겠다.
- 나는 내 인생을 지나치게 소란스럽게 만드는 사람을 결코 용납하지 않겠다.

다른 모든 훈련과 마찬가지로, 시간은 당신 편이다. 처음 작성한 목록은 길기만 하고 일관성이 없을 수 있다. 하지만 계속 다시 들여다보면, 당신의 딜브레이커를 몇 가지 간략한 개념으로 압축할 수 있을 것이다. 혹은 2, 3명의 이름만 적힌 목록이 완성될 수도 있다. 이 다음에는 훨씬 즐거운 훈련이 기다리고 있다.

방의 규칙 #4 나쁜 것을 제거하면 좋은 것이 더해진다

정원을 가꾸거나 작물을 키워본 사람이라면 '솎아내기'의 중요성을 알 것이다. 가령 과수원의 농부는 가지에 다닥다닥 달린 열매들이 더 크고 건강하게 자랄 수 있도록 솎아준다. 또

이파리만 너무 무성하게 자라 과일에 영양분이 부족해지는 일이 없도록 잎과 가지를 정돈하기도 한다. 비슷한 맥락에서 어떤 조직이나 공동체 역시 성장을 위해 때때로 구성원들을 정리할 필요가 있다. 이른바 마이너스를 통한 플러스이다.

　당신의 방에 이미 들어온 누군가를 밖으로 끌어내진 못하더라도, 그들이 자기 가방을 방에 가져오지 못하게 할 수는 있다. 다시 말해, 그들의 행동에 경계를 설정하고, 그들의 초대를 거절하고, 벽을 치고, 관리인을 시켜 그들을 방 안의 먼 구석으로 이동시키는 것이다. 당신의 삶에서 타인의 나쁜 행동을 제거할 때, 당신의 삶에는 좋은 기운이 더해진다.

자신의 가치를 실천하는 딜메이커

다음으로, 당신의 '딜메이커dealmaker' 목록을 만들어보자. 지금부터 당신의 방으로 적극적으로 초대하고 싶은 사람들 말이다. 이 목록은 말과 행동을 통해 드러난 누군가의 가치에 기반하여 새로운 관계를 시작하고자 할 때 도움을 줄 것이다(다만 누군가의 말은 행동보다는 다소 신뢰도가 떨어진다는 점을 기억하자).

이 훈련은 딜브레이커 훈련과는 정반대이다. 딜브레이커 훈련을 먼저 한 이유는 그것이 사람들에게 더 즉각적인 반응을 일으키기 때문이다. 딜메이커를 파악하는 건 상대적으로 더 어려운데, 딜메이커가 가진 훌륭한 자질을 우리가 너무 당연하게 받아들이는 경향 탓이다. 우리에게 가장 가까운 사람들, 우리가 사랑하거나 아끼는 사람들을 떠올릴 때, 그들이 가진 가치와 그들의 다른 아름다운 특징을 구분하는 건 힘든 일이다. 따라서 배우자, 애인, 가족이 아닌 사람을 먼저 떠올려보는 게 도움이 될 수도 있다. 스스로 질문해보자. 내가 존경하는 사람은 누구인가?

당신이 아는 사람, 혹은 좋아하는 사람의 어떤 부분을 높이 평가하는가? 용기, 진실함, 온화함, 인내, 충실함, 지식, 혹은 자유분방함이 될 수도 있겠다. 이런 특성을 지닌 사람, 혹은 함께하는 시간이 즐겁기 때문에 이미 당신의 방에 들어와 있는 사람을 떠올려보자.

예컨대 아이반은 대기업 복리후생 문제에 관한 컨설턴트로 일하면서 자신의 사업까지 성공적으로 일궈낸 한 인물을 알고 있다. 그는 늘 에너지가 넘치고, 긍정적이고, 지역사회를 위해 많은 시간을 투자한다. 그의 인생사를 잘 모르는 사람들은 그가 어릴 때 어머니를 잃었고, 그의 형제가 자살로 목숨을 끊었고, 그가 이혼을 경험했으며, 분노와 억울함과 자기연민을 유발할 법한 여러 시련을 겪었을 거라고 짐작하지 못한다. 하지만 그는 개인적인 상실을, 타인을 향한 무한한 연민과 친절로 승화시켰다. 그는 이러한 자질 때문에 아이반의 딜메이커 목록에 올라와 있다.

머릿속에 떠오른 어떤 자질이 하나의 가치로 느껴지지 않을 경우, 그것이 당신에게 매력적으로 보이는 이유를 생각해보자. 그 질문에 대한 답이 가치로 연결될 것이다. 예컨대, 당신이 어떤 이름을 적고 그 옆에 '웃기다' 혹은 '재치 있다'라고 적었다고 치자. 이것들이 가치일까? 그렇지는 않다. 그건 기술이나 성격적 특성에 가깝다. 하지만 그것은 당신이 타인에게서 좋게 보는 특징, 예컨대 다른 사람을 웃게 하는 '친근함', 혹은 삶의 경험을 바탕으로 재치 있는 답변을 내놓는 '지혜'를 의미한다. 당신은 그러한 특징을 가치 있게 여기는 셈이다.

감정적 신호를 살펴보는 것도 도움이 된다. 언행으로 드러난 가치 때문에 좋아하는 동시에 약간의 질투심까지 느끼는 사람이 있는가? 질투는 자신의 가치를 비추는 거울 중에서도 긍정적인 버전이다. 재물이나 부富에 대한 질투에 초점을 맞추지 말고, 당신이 이렇게 말할 수 있는 사람에게 초점을 맞추자. "관대함은 나에게 중요한 가치이므로, 나는 저 사람처럼 관대해지고 싶어." 핵심은 그 사람과 똑같아지는 것이 아니라, 당신에게 가장 중요한 가치를 식별하는 것이다.

스튜어트는 '이퀘이터 커피Equator Coffees'의 공동 창업주인 브룩 맥도널Brooke McDonnell, 헬렌 러셀Helen Russell과 친구이다. 스튜어트는 그 친구들을 '사랑스러운 사람들'이라고 표현하지만, 그 정도로는 충분히 설명이 되지 않는다. 그들의 이야기를 자세히 들여다보면 그들이 얼마나 놀라운 가치를 잘 드러내는지 알 수 있다. 브룩과 헬렌은 커피를 통해 사람들에게 더 나은 삶을 찾아주기 위해 헌신하며, 농부, 로스터, 직원, 후원자들과의 약속을 실천한다. 이퀘이터 커피는 '비콥B Corp 인증'을 받았는데, 이는 모두에게 이익이 되는 방향으로 목적과 수익의 균형을 달성했음을 증명하는 인증이다. 브룩과 헬렌은 25년 넘게 인내하며 그들의 비전을 견지해왔다. 그들은 높은 수준의 품질 기준을 적용하고, 그들의 모든 사업적 선택은 자신들의 신념과 일치한다. 이것이 바로 진실성이다. 스튜어트는 두 친구들을 떠올리며 그의 딜메이커 목록에 헌신, 인내, 진실성을 포함시켰다. 그는 이러한 가치들을 높이 평가하므로 목록에 포함시킨 것이다.

이전 훈련과 마찬가지로, 당신이 삶에서 더 나은 결정을 내릴 수 있도록 돕는 일련의 규칙이나 속성들을 떠올려보자. 그러한 가치를 지닌 사람들이 바로 당신의 딜메이커이다.

앞으로 당신의 방으로 초대할 사람들을 위한 규칙의 예시는 다음과 같다.

- 그들은 신의를 지키고 정직해야 한다.
- 그들은 열린 마음과 유머감각의 소유자여야 한다.

- 그들은 나와의 관계를 위해 동등한 수준으로 기여해야 한다.
- 그들은 세상과 공동체, 주위에 긍정적인 영향을 미치는 방식으로 일해야 한다.

이제 당신의 가치를 침범하는 딜브레이커와 당신이 믿는 가치를 몸소 실천하는 딜메이커의 목록이 완성되었을 것이다. 지금부터는 긴 목록을 가장 중요한 몇 가지의 가치로 압축하는 작업이 시작된다.

가치 목록 만들기 훈련

가치의 중요성에 대한 강의를 하다 보면, 사람들이 가만히 앉아 자신의 가치를 생각하던 중 자신에 관해 새로운 사실을 발견하는 모습을 자주 목격한다. 본인만의 가치 목록을 만드는 것은 아주 간단할 수도 있고 다층적일 수도 있다. 여기서 목적은 당신이 살면서 지키고자 하는 목표와 가치를 명확하게 파악하고 이해하고 설정하는 것이다. 이러한 가치들은 당신의 문지기를 통과해 방으로 들어오게 될 사람을 선별하는 작업을 돕는다.

당신의 가치는 지금의 현실을 반영할 수도 있고, 미래를 향한 열망을 반영할 수도 있다. 열망적 가치aspirational value는 당신이 살면서 성취하기를 원하는 것들을 말한다. 최대한의 효용을 얻기 위해 당신은 스스로 실천하고 준수하는 가치와 열망하는 가치를 구분해야 한다. 그렇게 하면 당신의 방에 누구를 들여야 할지에 관한 이 책의 가르침이 더욱 명확하게 이해될 것이다. 이 훈련의 목적과 관련하여 열망적 가치는 중요하기는 하나 성격이 조금 다르다. 당신의 현재 가치current value는 당신이 현재 실천하는 가치이고, 당신이 가진 열망적 가치는 당신이 추구하는 가치이다.

➜ 당신이 동의할 만한 몇 가지 가치 목록을 살펴보자. 가치는 한 단어, 여러 단어의 조합, 혹은 완전한 문장으로 작성될 수 있으며, 다음 목록은 당신이 자신의 가치를 스스로 떠올리는 데 도움을 주기 위한 내용이다. 당신이 동의하는 부분에 표시하고, 당신에게 적용되는 다른 내용을 추가해보자.

- **성취** 목표한 바를 달성하는 것
- **모험** 흥미롭고 낯선 경험을 추구하는 것
- **진정성** 자신의 가치와 신념에 따라 행동하는 것
- **소속감** 타인에게 사랑받고 타인과의 유대감을 느끼는 것
- **헌신** 목표나 공약을 향해 힘껏 매진하는 것

- **지역공동체** 어떤 집단에 대한 의미 있는 소속감을 느끼는 것

- **연민** 타인을 동정하고 걱정하고 타인에게 관심을 기울이는 것

- **역량** 맡은 일을 잘 해내는 것

- **양심** 꼼꼼하게 원칙에 따라 행동하는 것

- **용기** 신념을 위해 당당히 나서는 것

- **추진력** 목표 달성을 위해 에너지를 쏟고 집중력을 발휘하는 것

- **공감** 감정을 이해하는 것

- **끈기** 좌절에도 불구하고 목표를 향해 꾸준히 노력하는 것

- **평등** 만인의 동등한 권리를 존중하는 것

- **가족** 사랑하는 가족을 돌보고 함께 시간을 보내는 것

- **경제적 안정** 원하는 만큼 재산을 늘리는 것

- **용서** 누군가의 잘못을 용서하거나 사면해주는 것

- **자유** 자유를 포용하고 선택과 자유의지를 존중하는 것

- **우정** 친밀한 관계를 경험하는 것

- **나눔** 특정 인물이나 대의를 위해 시간, 돈, 재능을 나누는 것

- **감사** 친절이나 이로운 행동에 고마워하는 것

- **성장** 더 나은 기술, 믿음, 성숙, 목표를 향해 나아가는 것

- **건강** 신체적, 심리적 웰빙을 향상시키는 것

- **도움** 타인을 돌보고 타인의 필요를 충족하는 것

- **겸손** 거대한 세상 속에서 자신의 진정한 위치를 아는 것

- **독립성** 자신의 생각과 상황을 통제하는 것

- **혁신** 창의적인 작업 방식을 찾는 것
- **진실성** 본인의 행동과 신념을 일치시키는 것
- **정의** 공정하고 도덕적으로 옳은 일을 추구하는 것
- **지식** 지적인 자극과 새로운 아이디어를 수용하는 것
- **지혜** 주어진 상황에 지식, 판단, 신념을 적용하는 것
- **리더십** 사람들과 프로젝트에 방향을 제시하고 속도를 설정하는 것
- **평생 학습** 지속적인 호기심과 정신적, 감정적 성장을 수용하는 것
- **신의** 본인의 말, 목표, 사랑하는 이들에게 충실한 것
- **변화 주도** 본인의 가치에 따라 긍정적인 변화를 불러오는 것
- **멘토링** 지혜, 기술, 경험을 통해 타인을 이끌고 방향을 제시하는 것
- **의무** 자신이 맡은 일, 프로젝트, 관계에 책임감을 느끼는 것
- **기회** 진보와 발전을 경험할 기회를 제공하는 것
- **파트너십** 공동 목표를 위해 타인과 협력하는 것
- **인내** 고난, 시련을 딛고 목표를 향해 꾸준히 매진하는 것
- **개인적 성장** 새로운 기술과 자기인식을 추구하는 것
- **영적 성장** 더 높은 목적과의 연결을 추구하는 것
- **즐거움** 개인적 기쁨과 유희를 추구하는 것
- **힘** 타인에 대한 영향력을 얻는 것
- **인정** 본인의 노력을 남들에게 인정받는 것
- **관계** 소중한 관계를 위해 노력하는 것
- **책임감** 본인의 말에 최선을 다하는 것

- **위험 감수** 미지의 영역을 탐험하고 한계에 도전하는 것

- **안전** 위협이나 위험에서 멀리 떨어져 있는 것

- **봉사** 더 큰 목적이나 대의를 위해 시간과 재능을 쏟는 것

- **즉흥성** 주저 없이 즉시 행동하는 것

- **성공** 모든 종류의 목표를 달성하는 것

- **시너지** 하나의 목표를 위해 다양한 재능을 가진 사람들과 협력하는 것

- **팀워크** 합의된 규범과 체계에 따라 타인과 협력하는 것

- **관용** 다양한 생각에 개방적 태도를 취하는 것

- **전통** 기존에 확립된 방식을 존중하는 것

- **여행** 다양한 방식으로 세상의 새로운 장소를 경험하는 것

몇 가지 간단한 정의들을 제시하긴 했지만, 각자 본인 방식대로 이 가치들을 다시 정의해도 좋다. 당신이 여기서 찾는 것은 몸과 영혼, 머리와 가슴의 공명이다. 진정으로 자신과 연결되었다고 느껴지는 것들이 중요할 뿐, 정답이 따로 있는 건 아니다. 한번에 완벽하게 완성할 필요는 없으며 다른 사람과의 경쟁도 아니다. 자신의 반응을 충분히 살피고 수정을 거듭하다 보면 지신의 가치가 점점 더 명확해짐을 느낄 것이다. 말하지 않아도 알겠지만, 이 훈련을 할 때에는 스스로에게 아주 정직해야 한다.

본인의 최우선 가치를 파악하고자 할 때, 종종 제거의 과정이

도움이 된다. 이를 위해 이 목록에서 당신에게 가장 큰 울림을 주는 가치 10개에 동그라미를 친 다음, 상대적으로 덜 중요한 가치 3, 4개를 제거함으로써 최우선 가치들을 좁혀 나간다.

당신의 답변을 검증하기 위해 선택된 문장이나 표현이 당신의 핵심 가치를 의미할 경우 어떤 행동으로 이어질지 생각해보자. 이때 완결된 문장을 만들어보는 것은 큰 도움이 된다. '내게 이것이 정말 중요한 가치라면'이라는 말로 시작해 마음껏 문장을 완성해보자. 당신의 최종 목록은 당신이 적극적으로 실천하는 내용들을 담고 있으며, 당신이 앞으로 되고자 하는 모습을 강하게 반영할 것이다.

이해를 돕기 위해 문장 완성 훈련의 몇 가지 예시를 준비했다.

- 내게 경제적 안정이 정말 중요한 가치라면, 쓸데없는 물건을 사느라 신용카드를 긁지 않을 것이다. 대신 저축과 노후자금을 늘리기 위한 노력을 시작할 것이다.
- 내게 봉사와 변화 주도가 정말 중요한 가치라면, 자원봉사를 하겠다는 말만 늘어놓는 대신 자선단체 하나를 선택해 매주 봉사활동에 참여할 것이다.
- 내게 책임감이 정말 중요한 가치라면, 내 실패를 두고 남을 탓하는 습관을 멈추겠다.

이 훈련은 쉽지 않을 수도 있다. 때로는 애써 외면하고 있던 내 부족한 모습이나 잘못을 들추어야 하기 때문이다. 하지만 본인의 부족한 면을 솔직히 인정하지 않으면 자신의 가치를 실천할 수 없다는 것을 명심하자.

방의 규칙 #5 자신과 비슷한 가치를 지닌 사람들을 가까이 두라

목표와 가치는 한 쌍으로 움직인다. 당신의 문지기와 함께 인생 전반에 걸쳐 이것들을 잘 활용한다면, 앞으로 당신의 인생에 거대하고 긍정적인 변화가 찾아올 것이다. 당신이 자신의 가치를 실천하고 비슷한 가치를 지닌 사람들을 주변에 둔다면, 인생의 목적은 물론 당신의 목표도 더 명확히 이해할 수 있을 것이다.

당신의 목적, 가치, 목표와 일치하는 사람들과 프로젝트들을 늘 가까이에 두면, 시간이 흐르면서 그 긍정적인 결정들의 복리효과가 발생하고 당신의 인생은 탄력을 받게 된다. 하지만 정반대의 상황이 벌어질 수도 있으니 주의하자. 자신의 인생으로 들어오는 사물과 인물의 유형을 주의 깊게 관찰하지 않고 그대로 방치할 경우 당신의 삶은 감당할 수 없는 혼돈으로 빠져들 것이다.

때때로 지금 당장 가치 있게 여기는 것과 미래에 가치를 두고 싶은 것, 즉 열망적 가치에 대해 완벽하게 솔직해지는 것이 어려울 때가 있다. 현재 가치는 당신이 현재 시간을 쏟는 부분이고, 미래의 삶에서 보여주고자 하는 열망적 가치는 당신이 앞으로의 인생에서 실현하고자 하는 부분이다. 만약 일주일간 비디오카메라로 당신을 촬영한다면, 지금 당장 삶에서 무엇을 우선시하는지를 통해 당신이 진짜 가치 있게 여기는 것을 쉽게 파악할 수 있을 것이다. 실제로 그렇게 할 경우, 당신이 선언한 가치와 어긋나는 행동이 얼마나 자주 찍히게 될까? 당신은 인내심을 중요시한다면서 느린 운전자를 보면 경적을 울리지 않는가? 배려를 중요시한다면서 습관적으로 회의에 지각하지 않는가? 평생 학습을 중요시한다면서 소파에 누워 '언젠가는 그렇게 할 거야'라는 말만 반복하지 않는가?

이처럼 당신이 천명하는 가치와 실제 행동 사이의 작은 간극은 자신의 진정한 믿음에 부합하는 삶으로의 방향을 알려주는 표지이다. 그것은 극악무도한 죄가 아니라, 어쩌다가 당신 인생에 끼어들게 된 비생산적인 행동이다. 보통은 작은 타협들이 쌓여서 그렇게 되는 경우가 많다. 오늘은 피곤하니까, 이번 한 번만, 지금은 급해서……. 이제는 이 모든 비생산적인 행동과 가치를 걷어내고, 당신의 삶을 더 충만하게 해줄 새로운 가치들로 그 빈자리를 채워 나갈 시간이다.

내 핵심 가치를 보여주는 사람들

많은 사람들이 자신의 실제 가치에 대해서는 다소 모호한 채로 자신의 가치였으면 하고 바라는 것을 적고 마는 유혹에 빠지기 쉽다. 그럴 경우 당신은 앞으로 갈등을 겪을 것이다. 이러한 함정을 피하는 좋은 방법은 당신이 함께할 때 가장 즐거운 사람 5명(최고의 딜메이커들)을 떠올려보는 것이다. 종이 5장을 준비하고 각각 그 이름을 하나씩 적어보자. 그런 다음, 그 친구 5명의 핵심 가치를 가장 잘 설명할 수 있는 7~10개의 가치를 선택하자. 그것은 당신이 친구들에게서 공감하는 가치이므로, 당신의 핵심 가치일 가능성이 높다.

이 목록이 당신이 되고자 하는 목표를 반영하지 못한다면, 이제부터 바쁘게 움직여야 한다. 당신의 방에는 새로운 친구들이 필요하다. 당신의 가치와 당신이 중요시하는 것에 부합하는 삶을 사는 그런 사람들 말이다. 당신의 인생은 가장 오랜 시간을 함께 보내는 대여섯 명의 사람들을 통해 드러난다. 기억하자, 인간은 함께하는 사람을 닮아간다. 당신의 핵심 친구들이 건전하고 성실하고 불평 없이 만족하는 사람들이라면, 당신도 그런 인간일 확률이 높다. 반면 당신의 핵심 친구들이 과음하고 인간관계가 엉망이라면, 안타깝게도 당신의 삶도 그런 모습일 확률이 높다.

어떤 교훈은 더 비싼 대가를 치른다
아이반의 이야기 ①

아이반은 당신의 방에 들일 사람을 선별할 때의 기준에 대해 주의를 기울여야 한다는 이야기를 들려준다.

몇 년 전, 내 회사는 초대형 프로젝트를 진행 중이었다. 많은 사람이 거기에 참여했고, 내용은 몹시 복잡했으며, 재정적으로도 빠듯했다. 나는 프로젝트 팀의 핵심 인력을 뽑아야 했다. 내가 선택한 사람은 뛰어난 기술을 가진 실력자였다. 그는 이 프로젝트의 적임자로, 내가 생각하기에 문제 해결을 도울 수 있는 완벽한 인재였다. 하지만 나는 그에게 결점이 있다는 것도 알았다. 그는 인간관계가 원만하지 못한 편이었다. 사람들과 대화하다 버럭 화를 내곤 했고, 이로 인해 직장에서 여러 사건이 발생했다.

내 직감은 경고음을 내고 있었지만, 나는 그를 고용하기로 했다. 시끄러운 사건과 감정 폭발이 발생할 수도 있겠지만, 내가 충분히 그를 올바른 방향으로 인도할 수 있으리라 믿었다. 하지만 그 판단이 틀렸음이 곧 드러났다. 그의 놀라운 기술력에도 불구하고, 그의 나쁜 태도는 기술적 강점을 덮고도 남았다. 프로젝트는 1년 만에 걱정스러운 단계에서 끔찍한 단계로 넘어갔다. 예산 초과가 심각했고, 일정이 한없이 미뤄졌으며, 내가 기대했던 것보다 품질도 한참 미달이었다. 그는 정보를 널리 공유하지 않았으므로, 대다수 팀원들은 그 프로젝트의 많은 부분을 이해하지 못했다.

내가 참석한 현장에서 심각한 고성이 오가거나 하는 일은 없었다. 그가 비즈니스 복장으로 회의실을 종횡무진하며 고함을 친다거나 물건을 던진다거나 의자를 넘어뜨리는 일도 없었다. 실제로 그런 행동을 했다면 심각한 정신병 환자로 보였을 것이다. 그렇게 명백하거나 의도적이진 않았다. 처음에는 그냥 호흡이 안 맞는 느낌 정도였다. 아직 서로 어색해서 그런 거라고, 서서히 팀원이 되어가는 과정이라고 생각했다. 내게는 그 사람이 절실히 필요했고, 프로젝트 완수를 위해서는 뭐든 감당해야 한다는 게 논리적인 판단이라고 믿었다.

앞서 말한 것처럼, 그건 명백한 오판이었다. 하지만 그 판단이 얼마나 잘못된 것인지 인정하기까지 꽤 오랜 시간이 걸렸다. 나는 이보다 더 최악이었던 적도 있다고 스스로를 달랬다. 어쩌면 그건 거짓말이었다. 나는 새로운 최악의 기록을 쓰는 중이었을지도 모른다.

"당신의 방에는 누가 있는가?"라는 질문을 처음 접했을 때, 나는 이 프로젝트의 리더가 애초에 내 방에 들어와서는 안 될 사람이었다고 곧바로 판단했다. 그를 프로젝트에서 제거하는 건 번거롭고 고통스러운 일이 될 거라는 생각이 들었다. 하지만 그 방법밖에 없었다. 모든 팀원들과 사전 물밑 작업을 진행하느라 몇 달이 걸렸다. 나는 직접 나서서 팀원들이 각자 알아야 할 부분을 파악할 수 있게 했는데, 이 리더의 잘못된 통제로 인해 팀원들이 미처 정보를 공유받지 못한 탓이었다. 나는 평소에 하던 업무를 많이 내려놓고, 이 과정에 엄청난 시간을 쏟았다. 몇몇 사람을 승진시키고 부서 배치를 조정했다. 모든 준비가 끝났을 때, 나는 프로젝트 리더를 해임했다. 곧바로 눈에 띄는 긍정적인 변화가 나타났다. 현재 그 프로젝트는 내가 원하던 모습으로 진행되고 있고, 나는 그것을 자랑스럽게 여긴다.

이 경험과 스트레스 많았던 과정을 통해 나는 교훈을 얻었다. 기술이 뛰어나다는 이유만으로 사람을 뽑아서는 안 된다고 말이다. 나는 소란스러운 사건이 벌어지지 않는 업무공간을 원하므로, 내 방에 두고 싶은 사람들만 직원으로 받아들인다. 이제 나는 협력이라는 조직 문화를 기꺼이 수용하는 사람, 정보와 지식을 공유하는 사람, 일일 드라마에 나올 법한 극적인 사건을 연출하지 않는 사람만을 고용하려고 한다.

또 다른 교훈도 있다. 내 직감을 무시해서는 안 된다는 것이다. 그것은 머리와 심장의 균형이라고도 할 수 있다. 나와 내 문지기는 그 일을 해내기 위해 함께 노력한다.

지금 이 순간부터 당신의 인생에 누구를,

혹은 무엇을 들일 것인지에 관한 모든 결정은

당신이 새로 설정한 가치와 온전히 일치해야 한다.

5장

당신의 가치가
당신의 삶을 만든다

당신이 오늘날 본인의 가치를 실천하고 있는지 정직하게 평가하는 과정을 통해 당신의 가치와 행동이 충돌하는지 파악할 수 있다. 건강한 방의 핵심은 당신의 가치와 삶을 연결하는 것, 다시 말해 진정성 있는 삶을 사는 것이다.

당신이 가진 가치의 긴 목록을 작성한 다음(그것이 최종본일 필요는 없다), 각각의 가치가 얼마나 중요하고 어떤 행동을 통해 드러나는지 한두 문장으로 정리해보자. 당신의 가치가 삶의 다양한 영역에서 어떤 역할을 하는지 생각해보는 것도 도움이 된다. 각각의 가치를 한두 문장으로 설명할 수도 있고, 그 문장들을 직업적 가치, 부모의 가치, 사회생활의 가치, 가족의 가치, 투자의 가치 등 삶의 영역별로 정리할 수도 있다.

다음은 개인적 가치와 그 설명에 관한 예시이다.

- **가족** 가족은 나의 사적인 기반이다. 나는 배우자를 비롯해 가족과

보내는 시간을 소중히 여기고, 가족과 함께 성장할 기회를 원한다.

- **인간관계와 팀워크** 나는 훌륭한 개인들과 애정에 기반한 단단한 인간관계를 맺을 기회를 원하고, 팀워크 향상을 통해 성공할 수 있다는 것을 알고 있다.

- **리더십/멘토링/코칭** 리더십은 성공의 가장 중요한 속성 중 하나라고 생각한다. 나는 나와 비슷한 생각을 가진 멘토, 동료, 직원을 찾고자 한다. 내가 다른 사람에게 멘토나 코치가 되어줄 수 있는 기회, 다른 사람이 내게 멘토나 코치가 되어줄 수 있는 기회를 모두 원한다.

- **신체적/정신적 웰빙** 나는 식단, 운동, 명상 등 건강한 생활습관을 유지하고, 나의 신체 및 정신건강에 해가 될 만한 요소들을 피한다.

- **평생학습** 학교를 졸업했다고 해서 배움이 끝난다고 생각하지 않는다. 배움은 내가 평생에 걸쳐 힘을 쏟고 싶은 분야이다.

오늘의 할 일 속 관계 둘러보기

당신의 '오늘의 할 일' 목록을 살펴보자. 각각의 항목이 방 안의 누구와 연관이 있는지, 그들은 어디에 속해 있는지 떠올려보자.

'미용실 예약'처럼 간단한 항목의 경우, 이렇게 생각할 수 있다. "외모를 가꾸는 건 좋은 일이야. 나는 그 미용사와 가볍고 즐거운 대화를 나누는 사이지만, 그 사람은 내 방에서 나와 아주 가까운 곳에 있진 않아." 업무 회의 항목이 있다면 함께 일하는 사람들, 당신과 그들과의 관계, 당신과 그들 사이의 거리를 떠올려보자. 어쩌면 관리인이 그들의 자리를 재배치해야 하는 상황을 발견하게 될지도 모른다. 만약 그렇지 않다면, 이미 잘 정돈되어 있는 당신의 방을 둘러보며 잠시 만족하는 시간을 가져보자.

가치가 차이를 만든다
스테파니의 이야기

저자들의 친구이자 조력자인 릭 사피오Rick Sapio는 자신의 친구 스테파니와 나누었던 가치에 관한 대화를 들려준다.

몇 년 전, 스테파니는 긴급한 가족 문제가 발생했다며 나를 찾아왔다. 그녀에겐 네 딸이 있었으며, 당시 열여덟 살이던 장녀 보니는 스무 살 된 마약 거래상과 뜨겁고 골치 아픈 연애를 하고 있었다. 그 관계는 2년 넘게 계속되고 있었는데, 스테파니를 불안하게 하는 것은 물론 어린 동생들에게도 악영향을 끼쳤다. 보니는 며칠씩 집에 안 들어왔고 집에서 현금과 귀

금속을 훔쳐가곤 했다. 스테파니는 큰딸과 가족을 지키기 위해 자신이 떠올릴 수 있는 모든 일을 다 해봤다. 하지만 보니의 비행은 계속되었다.

나는 스테파니에게 가치에 기반한 의사결정 및 문지기와 관리인의 원칙을 딸에게 가르쳐줄 것을 권했다. 어느 날 아침, 스테파니는 딸과 함께 앉아 가치의 목록과 그것들이 의미하는 바를 정리했다. 모녀는 성실성, 모성, 건강, 명예, 인간관계에 관해 이야기했다. 모녀는 보니의 가장 중요한 가치를 담은 목록을 만들었다.

그런 다음, 스테파니는 딸 보니에게 인생의 방으로 통하는 문을 지키고 있는 문지기를 상상해보라고 했다. 또한 문지기에겐 보니가 새로 설정한 가치와 어긋나는 건 그 누구, 그 무엇도 방에 못 들어오게 막을 힘이 있다고 했다. 스테파니는 보니에게 관리인에 대해서도 설명했다. 보니의 관리인은 그녀의 가치를 훼손한 사람들을 일종의 격리병동으로 보낼 수 있었으며, 그곳은 이미 방에 들어와 있지만 해만 끼치는 사람들을 모아두는 장소였다.

모녀의 대화는 30분 정도 이어졌다. 스테파니는 몇 달 뒤 눈물을 흘리며 내게 전화했다. 그날 아침, 보니가 여느 때처럼 식사를 하러 내려왔는데 평소와는 뭔가 달라 보였다고 한다. 격랑에 휩쓸려 허우적대던 이전과는 달리 침착해 보였다. 스테파니 부부는 가만히 앉아 딸의 이야기를 들으며 충격을 받았다. 딸은 남자친구와 헤어졌고 다시는 만나지 않을 거라고 했다. 스테파니 부부가 그 이유를 묻자 딸은 말했다. "간단해요. 그는 내 가치에 어긋나는 사람이니까요."

이 간단한 30분의 훈련 덕분에 스테파니의 가족은 파괴적인 미래와 마약 남용, 감옥살이 등의 여러 위험을 피해갈 수 있었다. 당신의 인생에도 이만큼 심각한 사건이 발생할 수도 있고 발생하지 않을 수도 있다. 다만 이 책의 교훈을 삶에 적용했을 때 당신의 미래가 얼마나 크게 달라질 것인지 떠올려보자.

인생의 모래밭 위에 선을 하나 긋는다고 가정해보자. 지금 이 순간부터 당신의 인생에 누구를, 혹은 무엇을 들일 것인지에 관한 모든 결정은 당신이 새로 설정한 가치와 온전히 일치해야 한다. 당신의 남은 시간 동안 이처럼 강력한 결정들이 켜켜이 쌓였을 때 당신의 삶이 얼마나 달라질 것인지 상상해보자.

내 가치를 공유하는 사람들

이 훈련은 지난 장에서 5명의 친구를 떠올렸던 훈련의 심화과정이다. 3장에서 작성한 방 안의 친구들 목록으로 돌아간 다음, 당신의 가치를 진정으로 공유하는 사람들을 찾아보자. 이 훈련은 여러 번 반복해서 실시해도 좋다. 더 오랜 시간을 들일수록 본인에게 가장 중요한 가치들과 그것을 행동으로 보여주는 사람들에 관한 더욱 명확한 그림을 얻을 수 있다. 여기서 가장 도움이 되는 것은 '누구'에 관한 질문들이다.

생각에 도움이 될 만한 질문 예시는 다음과 같다.

- 당신의 가치에 부합하는 요소들을 가져오는 건 누구인가?
- 당신을 즐겁게 하는 건 누구인가?
- 당신을 지지하는 건 누구인가?
- 당신에게 좋은 일이 생겼을 때 기뻐하는 건 누구인가?
- 당신을 있는 그대로 받아들이는 건 누구인가?
- 교훈을 주고 스승이나 멘토 역할을 하는 건 누구인가?
- 당신을 최선의 방향으로 이끄는 건 누구인가?
- 함께할 때 가장 살아 있는 기분을 느끼게 해주는 건 누구인가?

이 질문들에 대해 곰곰이 생각한 후, 당신이 어떤 사람을 가치 있게 여기는 이유를 한두 문장으로 정리하고 그 문장과 당신의 가치를 연결해보자. 과거형으로 작성하고 싶다면 그것도 좋다. 누군가가 일단 우리의 삶으로 들어오면, 그들의 기억은 우리의 머릿속에 영원히 닻을 내리게 마련이다. 당신이 방 안의 어떤 사람과 좋은 관계를 유지하는 이유를 적어보자. 다음은 이해를 돕기 위한 예시이다.

- **가족** 부모님은 나를 조건 없이 사랑하고 지지한다. 내가 어릴 때도 그랬고, 성인이 된 지금도 마찬가지다. 우리가 모든 문제에 늘 같은 의견인 건 아니지만, 부모님은 늘 내 곁을 지키고 나는 부모님 곁을 지킨다. (가치=가족, 친밀한 관계)

- **배우자** 배우자는 나의 인생 파트너다. 내가 힘들 때 항상 곁에 있어주고, 함께 웃고, 따뜻한 포옹을 나누고, 슬플 때는 기대어 울 수 있는 어깨를 내어준다. (가치=헌신, 친밀한 관계)

- **친구** 나의 달리기 파트너는 내가 운동 목표를 달성할 수 있도록 나를 자극하고 동기를 부여한다. (가치=건강, 우정)

- **지역공동체 구성원** 내 이웃들은 도움의 손길을 내밀 줄 아는 좋은 사람들이며, 나 역시 그들이 어려울 때 기꺼이 도움을 준다. (가치=지역공동체, 우정)

- **직장 동료** 내 직장 동료들은 믿음직하고 배울 점이 많은 좋은 친구들이다. (가치=우정, 배움, 더 많은 가치)

다음으로, 정반대의 질문을 해보자. 당신의 가치와 어긋나는 요소들을 가져오는 사람은 누구인가? 당신의 가치와 어긋나기 때문에 당신에게 가장 큰 고통과 슬픔을 안겨주는 사람들의 목록을 작성해보자. 그들은 당신의 발목을 잡는 사람들이므로, 그들을 어떻게 처리할 것인지 제대로 배워야 한다(그 부분은 차차 자세히 알려줄 예정이다).

기억하자, 이미 인생 안으로 들어온 사람을 처단하는 것보다는 그 사람을 애초에 당신 인생에 발도 못 들이게 하는 것이 훨씬 덜 고통스럽다는 것을. 인생에서 좋은 기회라고 생각했던 것이 사실상 당신의 가치와 어긋나는 인물을 방 안에 들인 꼴이 되었던 상황을 떠올려보자. 그 가짜 기회에 당신의 시간, 에너지, 돈을 빼앗겼다는 걸 쉽게 깨달을 수 있다.

앞서 작성한 목록과 반대로, 당신의 가치와 충돌하는 인간관계를 찾아보자. 다음은 이해를 돕기 위한 예시이다.

- **[사람 이름]과의 우정** 이 우정은 나를 지치게 한다. 이 친구는 불평불만이 있거나 부탁할 일이 있을 때만 내게 전화하기 때문이다. 그는 나를 비롯해 타인의 조언을 전혀 받아들이지 않는다. 그는 소란을 일으키는 사람을 내 인생의 방에 들이지 않겠다는 나의 '딜브레이커 규칙'에 위배된다. 또한 이 친구와의 통화 때문에 내가 중요하게 여기는 가족과의 시간이 줄어든다.
- **이사회 구성원** 나는 이 자선단체의 이사회에 들어가고 싶다고 생각했지만, 이 이사회는 너무 체계가 없어 나를 미치게 하고 아무 성과도 내지 못한다. 나는 더 높은 가치를 위해 이사회에 참여했지만 원하던 목표를 달성할 여건이 안 된다. 변화에 대한 저항이 거세서 더 나은 결과를 위해 싸우려는 나의 의지가 바닥나고 있다. 내 개인적인 시간도 너무 많이 빼앗긴다.

- **소셜미디어 친구의 4분의 3** 소셜미디어를 통해 기쁨보다는 좌절을 느끼는 경우가 많다. 소셜미디어 친구들의 게시물은 대부분 나의 가치와 어긋나기 때문이다. 멀리 있는 친구나 친척들과 연결되어 있다고 느끼기보단 낙담에 빠지게 된다.

삶의 항목으로 가치 이해하기

개인적 선언문 작성을 통해 더욱 긍정적인 효과를 볼 수 있다. 이것은 기존과 다른 각도에서 당신과 당신의 방에 있는 사람들에 관한 통찰을 제공한다. 개인적 선언문은 당신의 가치가 인생의 가장 중요한 목표와 신념에 어떤 영향을 미치는지 파악하는 데 도움을 준다. 여기에는 당신의 가치들을 삶의 여러 항목으로 나누는 과정이 포함된다.

삶을 항목별로 나누는 데는 여러 방법이 있지만, 이 책에서는 간단히 7개 항목을 사용한다. 여기에는 비즈니스/경력, 재정/물질, 가족, 건강/웰빙, 영성, 사회생활, 재미(즉, 삶의 어떤 영역에서 즐거움을 찾고자 하는가?)가 포함된다.

이 선언문은 삶에서 당신의 '목적'이 무엇인지, 가장 중요한 가치가 무엇인지, 지금껏 당신의 성공 공식이 무엇이었는지, 당신의 유산은 무엇이 될 것인지, 7개 삶의 항목에서 당신의 장기적 목적은 무엇인지, 그 목적과 관련된 당신의 목표는 무엇인지를 담고 있다. 여기에는 당신에게 동기를 부여하고 영감을 주는 인용문도 추가될 수 있다.

다음의 예시를 살펴보자. 이 예시의 주인공은 기술 서비스 회사를 운영하는 45세의 남성이다.

1. **내 삶의 목적**: 내 삶의 목적은 사업, 가족, 공동체 등 여러 방면에 걸친 모든 노력을 통해 기쁨을 전파하는 것이다.

2. **내 삶에서의 성공 공식**: 나는 늘 앞장서고 사람들을 이끄는 것을 좋아한다.

3. **내 일을 설명하는 단어**: 효율성

4. **내가 바라는 미래 유산**: 내 유산은 나의 가르침으로 인해 많은 사람들이 자신의 사업을 효율적으로 운영하게 된 것이다. 내가 죽은 후에도 나의 조언은 여전히 유효하고 유용할 것이다.

5. **나의 가장 중요한 가치들**(다음 항목별로 1~5개의 가치를 적어보자.)

   ① 비즈니스/경력: 효율성, 진실성, 성공, 기쁨, 유산

   ② 재정/물질: 독립성, 주거, 자녀 교육, 여행

   ③ 가족: 모두의 건강, 평생에 걸친 로맨스, 자녀

   ④ 건강/웰빙: 계속 달리기, 불안 줄이기, 절제

⑤ 영성: 평생에 걸친 영적 성장, 배움, 자연에서 시간 보내기

⑥ 사회생활: 확대가족, 성과에 대한 인정, 서비스 조직 내에서 활동적인 구성원

⑦ 재미: 배우자 및 자녀와의 시간, 여행, 골프, 고전영화

6. 나의 장기적 목적

① 비즈니스/경력: 나는 매출 700만 달러 이상의 기술 서비스 회사를 운영한다.

② 재정: 내가 60세가 될 무렵, 우리 가계의 순자산은 200만 달러 이상이다.

③ 가족: 내 가족은 건강하고, 친밀하고, 성장하고 있다.

④ 건강/웰빙: 내 건강은 동일 연령대에서 상위 20퍼센트이다.

⑤ 영성: 명상, 공부를 바탕으로 나의 영적인 삶은 늘 성장한다.

⑥ 사회생활: 나의 지역공동체는 건강하고, 따뜻하고, 활동적인 사람들로 가득하다.

⑦ 재미: 나는 주기적으로 달리기, 골프, 고전영화를 즐기고, 가족들과 재미있는 시간을 보낸다.

7. 나의 목표(항목별로 원하는 만큼 많은 목표를 나열해보자. 당신의 목적에 부합하는 크고 작은 목표를 모두 적어보자.)

① 비즈니스/경력: 5년 내로 '가장 일하기 좋은 중소기업' 만들기

② 재정: 은퇴자금 최대한 마련하기

③ 가족: 매년 2회 가족휴가를 떠나고 여행 중에는 일 때문에 방해

받지 말기

④ 건강/웰빙: 적정 체중 유지하기, 연 1회 수련회 참석하기

⑤ 영성: 올해는 나흘 일정의 영적 수련회 참여하기

⑥ 사회생활: 올해 6~8회 만찬을 열고 각각 다른 손님 모시기

⑦ 재미: 마라톤 기록을 4시간 30분 이하로 단축하기, 골프 핸디캡 11 달성하기

8. 가장 좋아하는 동기부여 인용문:

"당신의 허락 없이는 그 누구도 당신에게 열등감을 안겨줄 수 없다."_ 엘리노어 루스벨트 Eleanor Roosevelt

"영원히 살 것처럼 일하고 오늘 당장 죽을 것처럼 살아라."_ 오그 만디노 Og Mandino

9. 긍정적인 메시지: 이것은 최선의 방식으로, 지극히 만족스럽고 조화로운 방식으로 지금 눈앞에 나타나고 있다.

당신은 누구의 방에 있는가

자신의 방을 잘 관리하는 긍정적인 습관을 기르는 동시에, 당신이 다른 누구의 방에 들어가 있는지, 그 방에서 어떤 위치에 있는

지, 그 이유는 무엇인지 살펴보는 것은 매우 유용하다. 그들이 '당신의 방에는 누가 있는가?'의 개념을 전혀 모른다고 해도, 당신이 그들과 관계를 맺고 있으며 그들이 당신의 방에 들어와 있다는 것은 근본적으로 당신 역시 그들 방에 들어가 있음을 의미한다.

하나의 가치가 다른 가치보다 우선하는 경우가 종종 있다. 예컨대, 당신이 대체로 정직한 사람이 되려고 노력하지만 삶의 윤활유 같은 작은 거짓말을 할 때도 있다. 싫은 사람에게 초대를 받았을 때 '초대해줘서 고맙지만 힘들 것 같아요'라고 말하는 것(거짓말)과 '당신은 역겨운 인간이야'라고 말하는 것(진실)의 차이는 진실성이 아니라 의도이다. 다른 사람의 방에서 당신의 역할은 좋은 의도를 품고 행동하는 것이다. 진정한 진실성에는 당신의 행동의 결과를 가늠하고, 가치에 따라 행동하고, 책임지는 것이 포함된다. 이 경우, 간단한 친절이 완벽한 솔직함보다 더 중요하다.

만약 당신이 누군가의 방에 기꺼이 들어갔고 시간이 흐르면서 그 결정이 실수임을 깨달았다면, 그들의 방에 긍정적이고 우호적인 태도로 머무는 것은 더 가까이 다가오라는 간청을 온화하게 거절하는 것과 같다. 이것은 당신의 방을 질서 있게 유지하는 것과 비슷한 맥락인데, 이를 통해 당신과 그들의 거리를 직접 결정할 수 있기 때문이다. 이 방법은 궁극적으로 그들에게도 이익이 된다. 굳이 싫다는 사람을 곁에 두는 게 무슨 의미가 있겠는가?

다음 단계의 예를 떠올려보자. 마음에 안 드는 사람들이 계속 당신을 초대하며 가까워지려고 한다고 치자. 그들은 메시지를 잘 이해하지 못한다. 이 경우에는 경계를 설정하기 위해 더 명확한 언어를 사용해야 한다. "지난번에 당신 집에서 즐거운 시간을 보내긴 했지만, 지금으로서는 내 방/달력/인생이 너무 꽉 차 있어요. 어쨌든 초대는 감사하게 생각해요."

삶에서의 인간관계는 완벽한 균형이나 대칭과는 거리가 멀다. 서로 주고받는 관계 속에서 어떤 사람이 당신에게 얼마만큼의 에너지, 다시 말해 얼마만큼의 관심, 신뢰, 당신의 남은 숨을 요구하는지 분명히 알아야 한다.

방의 규칙 #6 방을 정리하는 데 한 가지 방법만 있는 것은 아니다

이 책에는 당신의 방을 더 보기 좋게 정돈하는 데 도움을 주는 여러 훈련들이 정리되어 있다. 하지만 그 훈련을 전부 실시할 필요도 없고, 책에 나온 순서대로 진행할 필요도 없다. 당신의 가치, 인간관계, 목표, 영감을 파악하는 것은 평생에 걸친 훈련이다. 인생의 길이 순환도로처럼 보일 수도 있고 예상치 못한 샛길이 많을 수도 있다. 이건 다른 누구도 아닌 당신의 방이므로, 어떤 방법이든 다 괜찮다.

자신을 선반에 올려놓는 것도 가능하다

당신은 여러 방의 현관 앞에 서서 안으로 들어가게 해달라고 부탁했고, 실제로 많은 방 안에 들어갔다. 이제 당신은 그곳에 영원히 머물게 될 예정이므로, 어떤 방식으로 공간을 점유하고자 하는지 스스로에게 질문해야 한다. 당신은 직업적인 성장 혹은 한여름의 로맨스를 꿈꾸며 그 방 안에 들어갔을지도 모른다. 거짓으로 자신을 치장해 방 안에 잠입했을 수도 있다. 간단히 말해, 당신은 자신에게 맞지 않는 방에 들어간 것이다. 그런 경우라면 어떻게 해야 할까?

자기 자신을 선반 위에 올려놓으면 된다.

당신이 일방적인 관계를 맺고 있다는 것을 알았다면, 즉 자신이 원하는 것은 얻으면서 막상 상대에게 가치 있는 것은 내놓지 않는 관계를 맺고 있다면 어떻게 해야 할까? 우선 당신은 물러설 수 있다. 그 사람에게서 감정적으로 한발 물러선 채 어떻게 행동을 바꿔야 할지 고민해보자. 앞으로 너무 과하게 부탁을 하지 않는 건 어떨까? 혹은 당신이 얻는 것만큼 상대에게도 베푸는 상황을 늘릴 수도 있다. 어떤 방식으로든 그 관계를 좀 더 상호적으로 전환시킬 기회가 있지는 않을까. 어쩌면 당신이 그들을 필요로 하는 것보다 그들이 더 당신을 필요로 할 수도 있다.

이것이 바로 진실성 있는 삶의 일면이다. 당신이 순전히 본인 이익을 위해 누군가의 방에 있을 때, 설령 그들이 기꺼이 제공하는 건 아니지만 당신이 그 방에 있음으로써 실익을 취하고 있을 때 한발 물러서서 이것이 당신이 원하는 삶의 방식인지 고민해봐야 한다. 그 대상이 인생의 파트너, 사업상의 동반자, 가까운 친척처럼 당신과 가까운 사람이라 하더라도, 어느 정도 관점을 얻기 위한 출발점으로 방의 원칙들을 제안한다.

당신에게 그 관계를 포기하라고 권하거나 다시 가까워지라고 권하는 건 아니다. 다만 당신이 누군가의 방에서 어떤 자리를 차지할 것인지의 문제를 고민하기 앞서 그 관계의 의미를 더욱 명확히 인식할 것을 제안하고 싶다. 만약 당신이 그들의 방에서 어떤 자리를 차지하고 있는지 알고 놀랐다면, 반대로 그들이 당신의 방에서 어떤 자리를 차지하는지 파악하고 그 이유를 살펴볼 필요가 있다.

내가 속한 방들에서 나의 위치 이해하기
시드의 이야기

시드 필드Syd Field는 CNN 선정 '모든 시나리오 작가들의 스승'이자 〈할리우드 리포터〉가 선정한 '세상에서 가장 각광받는 시나리오 작법 강사'이다. 그의 저서 《시나리오란 무엇인가》는 영화업계에서 중요한 책으로 여겨진다. 시드의 이야기를 들어보자.

나와 친구들은 어릴 때부터 반항아였다. 우리는 고교 시절 끊임없이 사고를 쳤다. 하지만 우리는 뛰어난 육상 선수였으므로 대부분 처벌을 피해 갔다. 내가 열두 살 무렵 아버지가 돌아가셨고, 그 이후 홀어머니에게 내가 얼마나 심각한 골칫덩어리였는지 우리 가족은 생생히 기억한다. 어머니는 내가 제대로 된 어른이 될 수 있을지 걱정했다. 나는 늘 사고만 쳤고, 운동 외에는 할 줄 아는 게 없었다.

우리가 고등학교를 졸업할 무렵, 제임스 딘은 할리우드의 떠오르는 스타였다. 내 친구 프랭크는 우연히 제임스 딘을 만났고, 그는 우리와 어울리기 시작했다. 우리는 할리우드 대로를 활보하며 이번에는 무슨 말썽을 부릴까 궁리했고 늘 건수를 발견했다. 수많은 싸움에 휘말리다가 결국 소년원으로 보내졌다. 우리는 반항아의 표본이었다.

제임스 딘은 우리의 방 안에서 자유를 발견했고, 자신의 인생을 다른 시선으로 보기 시작했다. 그는 배우로서 정형화된 삶을 사는 대신 무정형의 자유로운 연기를 포용하는 삶을 살았다. 그가 〈이유 없는 반항〉을 찍은 지 약 1년 후, 우리는 영화 속 '나쁜 녀석들'의 모델이 우리 패거리란 걸 깨달았고, 그 역할에 더 열중하기 시작했다.

그러다 어머니가 돌아가셨다. 나는 내 성격을 뜯어고치기 시작했다. 더는 요란한 사건을 일으키고 눈에 잘 띄는 사람으로 살지 않기로 했다. 나는 캘리포니아대학교 버클리캠퍼스로 가서 요란하고 주목을 끄는 인간에서 '착하게' 살려고 노력하는 조용하고 내향적인 인간이 되었다.

버클리에서 나는 방황했다. 어디로 향하는지도 모르면서 여전히 무언가를 애타게 찾고 있었다. 나는 연기를 시작했고 꽤 성공했다. 그때 나의 멘토이자 프랑스 영화감독, 각본가, 배우, 제작자, 작가인 장 르누아르Jean Renoir를 만났다. 그는 자기 집으로 나를 초대했고, 내 인생의 방향을 바꿔버렸다. 르누아르는 내게 말했다. "미래는 영화야. 영문학 같은 걸로 시간 낭비하지 말게. 전문적인 사람이 되려고 시간을 낭비하지 말라고. 미래는 영화야!" 그는 나를 위해 캘리포니아대학교 로스앤젤레스캠퍼스UCLA 영화학부에 추천서도 써주었다.

나는 UCLA에서 레이 만자렉Ray Manzarek과 짐 모리슨Jim Morrison을 만났는데, 그들은 나와 함께 영화를 제작하다가 결국 음악계로 빠졌고 나는 삼촌의 추천을 받아 영화판의 조수로 취직했다. 여전히 어린 나이였지만, 내게는 특별한 재능이 있었다. 나는 뭐든 잘 찾아냈다. 그레이스 켈리의 첫 모델 영상을 찾아냈고, 마릴린 먼로의 첫 영상인 주유소 광고 영상도 찾아냈다. 이상한 재능이긴 했지만, 어쨌든 난 그걸 가지고 있었다. 마음만 먹으면 뭐든 찾아낼 수 있는 능력 말이다. 내 방을 성공적인 형태로 만들 것인지 말 것인지가 나의 선택에 달렸음을 깨달은 순간을 기억한다. 이 경험은 내 인생을 송두리째 바꿔놓았다. 바로 그 순간, 내가 원하는 삶을 스스로 선택할 수 있음을 깨달았다.

처음 가르치는 일을 시작할 때 나는 형편없었는데, 스스로 최고의 전문가가 되어 그 어떤 학생보다 많이 알고 혼자만 떠드는 데 집중했기 때문이다. 아무도 내 방에 머물고 싶어 하지 않았다. 상황이 너무 나빠지자 나는 생각했다. '내 방을 한번 뒤집어보는 건 어떨까?' 나는 학생들에게 공개적으로 질문을 받았다. 그 경험을 통해 학생들이 시나리오 작법에 관해 비슷한 질문들을 많이 갖고 있음을 알게 되었다. 나는 《시나리오란 무엇인가》를 출간했고, 이후 평생 글을 쓰고 가르치는 일을 하게 되었다.

내게 흥미로운 것은 성장이다. 오랜 시간이 흘렀지만, 나는 여전히 물살에 몸을 맡긴 채 새로운 역할을 찾고 있다. 나에게 자아는 의식적인 것이고, 의식을 지닌 모든 것은 시대에 맞게 생존하고 성장하고 변화하고 적응한다. 적응에 실패하면 끝장이다. 그런 사례는 너무 흔하다. 적응하지 못하는 사람들은 죽는 순간까지 실패를 벗어나지 못한다.

영화감독 샘 페킨파Sam Peckinpah는 나를 자기 방으로 초대했고, 내게 멋진 멘토가 되어주었다. 그의 걸작 〈와일드 번치〉에는 늙어가는 왕년의 무법자들이 등장한다. 그들이 할 줄 아는 건 은행 강도뿐이다. 시대 배경은 1913년이고 세상은 변했지만, 그들은 적응할 줄 모른다. 변화의 시대에 변화하지 못하는 사람들의 딜레마는 너무도 중요하며, 나는 그것을 이해해가는 중이다.

"당신의 방에는 누가 있는가?"라는 질문에서 잘 훈련된 문지기와 관리인만 중요한 게 아니다. 내가 타인의 방 안에서 차지하고 있는 위치도 내 인생에 심오한 영향을 끼친다. 누가 내 방에 있느냐만 중요한 게 아니라, 내가 들어가 있는 다른 여러 사람의 방도 중요한 것이다.

사람들은 당신의 방에 들어오고, 당신은 다른 사람들의 방에 들어간다. 그들 중에는 멘토인 사람도 있고 아닌 사람도 있는데, 그 내용은 8장에서 자세히 소개할 예정이다. 당신의 세계는 계속 변화 중이며, 당신은 본인이 원하는 삶의 방향으로 적응하는 법을 배워야 한다. 시드는 '방을 한번 뒤집어보는' 법을 배웠고, 변화를 향한 용기는 새로운 기회와 더 큰 성공을 낳았다.

자물쇠 상자, 온화한 무시, 의식 만들기, 엔진과
닻을 구분하는 전략은 서로 공통점이 있다.
누군가 혹은 무언가를 거절함으로써 더 중요한
사람들을 받아들일 공간이 마련된다는 점이다.

6장

방을 관리하는
여러 도구들

이제 당신의 방에 누가 있는지 확인하고, 당신의 가치를 파악하고, 다른 사람들의 이야기를 통해 교훈을 얻었을 것이다. 이 책에 포함된 여러 훈련을 마쳤다면 자신의 방을 관리하는 기본적인 기술도 배웠을 것이다. 이제 숙련된 기술로 넘어갈 차례이다.

상자 안에 수납하기

이제 당신은 방에서 추방하고 싶은 사람이 꽤 많다는 걸 알아차렸을 것이다. 이들은 딜브레이커, 다시 말해 애초에 방에 들이지 않았다면 더 좋았을 사람들이다. 할 수만 있다면 그들을 발로 뻥 차서 쫓아내고 싶지만, 이미 방 안에 들어와 버렸으니 그건 불가능하다. 아이반의 어머니는 아들에게 이런 문제를 해결하는 요령을 알려주었다. "우리는 그 누구도 발로 차서 쫓아낼 수 없지만, 그들을 상자에 담아서 선반에 올려둘 수는 있단다."

당신의 문지기가 방에 들어올 사람들을 깐깐하게 선별하는 동안, 당신의 관리인은 최악의 딜브레이커들을 특별한 공간으로 안내해야 한다. 이곳은 당신의 방에서 어둡고 조용한 공간이다. 방 뒤편의 구석진 공간이나 오목하게 파인 벽장을 떠올려도 좋다. 혹은 문이 안 달린 옷장이나 구식 여행용 트렁크를 떠올려도 좋다. 이 책에서 추천하는 효과적인 이미지는 바로 자물쇠가 달린 상자이다.

당신의 관리인은 원하는 만큼 많은 사람들을 데려와서 이 상자 안에 가둘 수 있고, 그 안에서 사람들을 꺼낼 수도 있다. 사람들을 분류하고 상자에 집어넣는 권한은 전적으로 관리인에게 있으며, 사람들에게는 선택권이 없다. 딜브레이커는 자물쇠 상자 안에 감금되고, 그 상자는 선반 위에 올려진다. 여기서 선반이란 1.8미터짜리 사다리를 타고 올라가야 겨우 손이 닿는 선반을 말한다. 쉽게 접근할 수 없는 선반이라는 뜻이다!

자물쇠 상자 안에 감금된 사람들이 당신의 관심을 끌려고 아무리 애써도 그들의 목소리는 바깥으로 새어 나오지 않는다. 당신의 은유적인 방 안의 선반 위에 올려진 뒤에도 그들은 아무런 변화 없이 여전히 방에 존재한다. 하지만 그들과 그들이 가져온 짐은 안전한 장소, 당신의 눈에 띄지 않는 장소에 숨겨져 있게 된다.

당신은 그 사람들을 내면의 자물쇠 상자로 좌천시킴으로써 그들에게 빼앗겼던 삶의 공간들을 되찾을 수 있다. 그 사람들과 기억들을 상자에 넣어 자물쇠를 잠그고 선반에 올려놓자. 그들이 당신 인생을 조종하는 것을 방치하지 말자. '나는 이제 더는 당신에 대해 생각하지 않아'라고 스스로 되뇌다 보면 놀라운 자유를 느낄 것이다.

방 안의 사람들을 분류하는 것은 사실 끝이 없는 작업이다. 공책에 적는 것도 좋은 방법이지만, 자물쇠 상자에 당장 감금해야 할 몇몇 사람은 바로 떠오를 수도 있다. 딜브레이커 목록을 다음의 3개 항목으로 분류하는 방법도 있다.

- 무슨 일이 있어도 자물쇠 상자에 감금해야 할 사람들
- 당장은 자물쇠 상자에 감금해야 하지만, 나중에 바깥으로 꺼내줄 수도 있는 사람들
- 회생의 여지가 있으므로 당장 자물쇠 상자에 감금하기는 아쉬운 사람들

이러한 분류는 트리아지triage라고 한다. 이 단어의 본뜻은 방의 은유에 적용하기에 적합하다. 나폴레옹 전쟁 당시, 프랑스 군의관들은 부상 정도에 따라 부상병을 3그룹으로 나누어 당장 치료할

것인지 대피시킬 것인지 판단했다. 트리아지에 따르면 가장 부상 정도가 약한 병사들, 따라서 전선의 동료들에게 돌아갈 가능성이 높은 병사들의 치료가 최우선이다.

당신의 트리아지는 반대로 가장 심각한 위협을 가하는 사람들을 자물쇠 상자로 이동시키는 것을 목적으로 한다. 당장 모든 사람을 상자에 집어넣을 필요는 없다. 우선 가장 심각한 딜브레이커들부터 상자로 보내야 한다. 실생활에서 이것은 그런 사람들과 최대한 거리를 두는 것을 의미한다. 이것을 실제 세계에 적용하는 여러 방법에 관해 좀 더 자세히 알려줄 예정이다. 우선은 당신이 상자에 누군가를 집어넣기로 결정한 이후의 전략을 생각해보자.

- 방 안의 누군가가 지나치게 통제적이라면 그들에게 당신이 이제 결정을 내렸다는 사실을 통보하자. 그들이 휘두르는 권한과 관련하여 정확한 한계를 설명하자. 예컨대 이런 식으로. "돈을 이런 식으로 써야 한다고 네가 나에게 충고할 때마다 나는 네가 자기 것도 아닌 일에 간섭한다는 기분이 들어. 나는 내가 원하는 방식대로 내 돈을 쓸 거야."
- 매번 지각하고 약속을 까먹는 사람에게는 그 행동에 따른 결과를 설명해주자. "네 계획이 항상 바뀌는 건 잘 알겠지만, 너 때문에 내 계획까지 틀어지는 건 곤란해. 이렇게 카풀 시간에 맨날 지각한다

면 함께 출근할 수 없으니 다른 방법을 찾아봐야 할 거야."

- 극적인 사건과 가십에 중독된 어떤 사람이 당신까지 거기에 끌어들이려고 한다면, 당신의 관리인은 그를 자물쇠 상자로 이동시킬 수 있다. 이때 근본적으로 파괴적이고 무의미한 일에 시간과 에너지를 쏟기에는 인생이 너무 짧다는 메시지를 분명히 전달해야 한다. 인간관계와 극적인 사건, 올바른 정보와 가십의 차이가 무엇인지 명확히 기준을 세울 필요가 있다.

그렇다, 결국 당신이 매 순간 자신의 가치를 실천해야 한다는 뜻이다. 기억하자, 당신이 시간을 쏟는 대상이 당신의 마음을 통제한다는 것을.

누군가가 당신에게 다음에는 더 잘하겠다고 약속한다면 어떻게 해야 할까? 현실적으로 해줄 수 있는 조언은 그들을 상자에 감금하기 전까지 그 '다음'을 몇 번까지 허락할 것인지 당신이 결정해야 한다는 것뿐이다.

당신이 상자 안에 넣어둘 수 있는 사람들과 관련 경험들의 사례는 다음과 같다. 이 내용을 한쪽에 적어놓고 우선순위 분류를 하는 것도 좋은 방법이다.

- **사회적 집단** 나는 독서모임이 재밌을 거라고 생각했지만, 막상 해보니 그다지 가치 있는 경험이 아니었다. 모임 내내 배우는 건 별로

없고 동네 가십만 잔뜩 들었다. 이제 정중하게 탈퇴 선언을 하고 뭔가 배울 점이 있는 사람과 시간을 보내겠다.

- **직원** 조를 처음 고용할 때 교육이 필요하다는 건 알고 있었지만, 내 말을 전혀 귀담아듣지 않는 모습을 보니 옆에서 도와주는 것도 답답하다. 그는 자기 일을 제대로 못하고 있다. 게다가 지각을 밥 먹듯이 한다. 따라서 그는 나의 딜브레이커 중 한 명이다. 인사과를 통해 그에게 바뀔 수 있는 기회를 딱 한 번 줄 것이다. 그래도 바뀌지 않는다면, 그를 내 팀에서 쫓아낸 뒤 약속을 잘 지키고 열정 있는 새 팀원을 뽑을 것이다.

- **상사** 내 상사의 무능과 막말을 3년간 견뎌왔다. 상황은 나아지지 않고 계속 악화되기만 했다. 내가 다른 부서로 옮길 수 있는지 알아볼 것이다. 그게 안 된다면 나에게 주어진 선택지, 인맥, 새로운 직장 등을 조사해서 이 회사에서 탈출할 전략을 짜겠다.

- **원한** 부모님에게 거짓말을 해서 나를 나쁜 사람으로 만든 동생에게 화가 난다. 나는 이 원망을 내려놓고 부모님과 꾸준히 교류함으로써 내가 얼마나 그들을 아끼고 사랑하는지 보여줄 것이다.

- **죄책감** 실제 세계에서 죄책감은 상당히 중요한 요인이다. 많은 이들이 죄책감 때문에 방에 사람들을 들이곤 한다. 그러고는 또 죄책감 때문에 그들에게 관심을 쏟는다. 많은 경우, 또 죄책감 때문에 그들의 행동을 용인한다. 죄책감은 좋은 인간관계의 구성요소가 아니고, 방 분위기를 흐린다. 나는 이제 다른 사람의 문제에 대해

죄책감을 느끼지 않을 것이다.

- **가족 구성원** 가족인데 뭘 어쩌겠어, 하는 생각은 흔하다. 가족은 어쩔 수 없이, 내 선택과 관계없이 내 방 안에 들어온 사람들이다. 하지만 나는 그들이 더는 내 공간에서 함부로 날뛰고 활개치는 것을 눈감아주지 않을 것이다.

당신의 자물쇠 상자가 가득 차기 시작했는가? 걱정할 것 없다. 당신의 방과 마찬가지로 상자는 당신이 원하는 크기로 바뀔 수 있다. 어쩌면 선반 위에 마련된 아늑한 호텔 방에 가까운 모습일 수도 있다. 모든 사람들이 편안하게 지낼 수 있으면서 당신을 괴롭힐 일은 없는 그런 공간 말이다.

방의 규칙 #7 부정적인 인간관계와 긍정적인 인간관계를 관리하라

자물쇠 상자는 부정적인 인간관계를 관리하기 위한 도구이다. 당신의 모든 긍정적인 인간관계를 잘 살펴보는 것도 중요하다는 걸 기억하자. 관리인은 유해한 사람들만큼이나 긍정적인 사람들에게도 많은 시간을 할애해야 한다. 이 긍정적인 사람들(다음 단락에서 '엔진'이라고 소개할 사람들)은 앞으로 당신과 더 가깝게 지내게 될 것이다. 그것이 당신이 원하는 삶의 모습 아닌가?

엔진과 닻 구분하기

오랜 세월에 걸쳐 늘 함께하고 싶은 긍정적이고 호의적인 사람들을 연구한 결과, 그들은 보통 문제점보다는 해결책에 집중하고 긍정적인 결과를 염두에 두고 난관을 극복하고자 한다는 걸 발견했다. 그들은 '엔진'이다. 즉, 당신이 최선의 인간으로 살고 긍정적인 방향으로 나아갈 수 있도록 돕는 사람들이다.

반면, 어떤 사람들은 경쟁적으로 불평불만을 늘어놓는다. 그들은 부정적이고, 논쟁적이고, 현실적으로 전혀 도움이 안 되는 문제에 집착하는 경향이 있다. 그런 사람들은 '닻'이다. 그들은 당신을 아래로 끌어당겨 묶어놓는다. 이러한 닻들의 문제점은 자신들이 엔진이라고 착각한다는 것이다. 그들은 타인에 대한 집착을 통해 자신의 에너지를 얻고, 당신이 앞으로 나아가고자 할 때에도 한곳에 머물러 있게 한다. 그들은 자물쇠 상자 쪽으로 친절하게 안내되어야 한다.

엔진과 닻은 당신이 그들과 교류할 때 어떤 감정을 느끼는지 관찰함으로써 쉽게 구분할 수 있다. 의견이 엇갈릴 때도 있지만 곁에 있으면 힘이 나는 사람이 있는가? 불타는 열정이든 차분한 자신감이든 특유의 에너지를 내뿜는 사람, 함께하는 순간이 기대되는 사람이 있는가? 그들은 분명 당신의 엔진이다. 반대로 당신을 좋아하는 누군가의 전화가 끔찍하게 느껴진 적이 있는가? 매일 답장을 미루게 되는 사람이 있는가? 그것은 그들이 당신의 닻이라는 좋은 증거이다.

당신의 반응을 떠올려보자. 누군가의 존재가 당신에게 분노를 일으킨다면, 그들은 닻이다. 당신은 앞에서 설명한 자물쇠 상자 훈련을 통해 그들을 보내주는 의식을 진행할 수 있다. 혹은, 그 분노가 그들을 직접 향한 것이 아니라 그들의 행동을 향한 것임을 깨닫게 될지도 모른다.

분노는 당신이 닻에 묶여 있음을 보여주는 강력한 증거이다. 분노는 상대방이 죽기를 바라며 스스로 들이켜는 독약이라는 말도 있다. 그것은 해결되지 않은 인간관계 및 사건과 연관된 강력하고 유독한 감정이다. 이는 가족 관계에서 흔히 나타나는데, 예컨대 당신은 가족에게서 입은 상처를 확대해석하는 자신을 발견할지도 모른다.

이 경우, 이 훈련은 당신이 스스로 정당화한 분노에 지나치게 사로잡혀 있음을 깨닫는 기회가 될 수 있다. 피해자 놀이에 빠져 있는 자신을 발견한다면 스스로 비슷한 의식을 진행할 수 있다. 자신의 그러한 일면을 자물쇠 상자에 담아두는 것이다.

이것은 사람들이 당신에게 입힌 실제 상처를 축소하는 것이 아니다. 누가 누구에게 사과를 해야 하는지는 순전히 당신의 결정에 달렸다. 여기서 핵심은 분노를 내려놓고 당신의 방 안에서 무슨 일이 벌어지고 있는지 알아차리는 것이다.

이러한 의식을 통해 당신의 방을 더욱 유익한 사람, 사물, 활동을 위한 더 널찍하고 자유로운 무대로 바꿀 수 있다. 시간이 흐르면서 당신은 마음속의 방에서 그런 사람들을 더 잘 알아보게 될 것이다.

당신의 방에 있는 사람들의 목록을 찬찬히 살펴보자. 그중에 누가 엔진처럼 보이는가? 누가 닻인가? 그들은 각자 적절한 위치에 있는가? 엔진은 당신과 가까운 곳에, 닻은 가깝지 않은 곳에 있어야 한다.

온화하게 무시하고 멀리 보내기

당신이 무엇에 집중하는지 인식함으로써 원하는 것을 더 많이 얻을 수 있다. 비즈니스 전략 전문가이자 기업 생산성 컨설턴트인 마크 맥케르고Mark McKergow는 말했다. "당신이 문제점에만 집중한다면 문제점의 전문가가 된다. 하지만 해결책에 집중한다면 해결책의 전문가가 된다."

문지기, 관리인과 협력하여 원하지 않는 것보다 원하는 것에 더 집중한다면, 스스로 좋은 운과 기회를 만들어낼 수 있을 것이다. 당신이 원하는 바를 명확히 인식하면 그것이 당신 인생에 나타나게 될 것이다. 그러한 운과 기회를 방 안으로 맞아들이면, 당신이 원하지 않던 삶의 요소들은 관심 밖으로 멀어지면서 먼 배경처럼 희미해질 것이다. 이 책에서는 이러한 접근법을 방 관리를 위한 '온화한 무시benign neglect'라고 부른다.

이처럼 새로운 맥락을 통해 삶의 요소들을 정신적, 감정적인 전경에서 후경으로 이동시킬 수 있다. 당신 인생의 이야기 속에서 주인공을 차지했던 사고뭉치들과 시끄러운 사건들이 아주 멀리 보이는 점으로 줄어드는 것이다. 진짜 골치 아픈 사람들은 아예 잘 생각나지 않도록 자물쇠 상자에 넣어 선반에 올려두면 된다. 이런 방식으로 당신 인생의 전경에 등장했으면 싶은 사람들을 위한 공간을 만들 수 있다.

온화한 무시는 여러 형태로 나타난다. 방에 있는 어떤 사람을 (혹은 그 사람과 관련된 어떤 활동을) 조용히 뒤편으로 밀어내거나 조심스럽게 자물쇠 상자에 넣어버리는 모든 결정이 여기에 해당된다. 이를 통해 당신과 더 가까운 자리로 다른 누군가를 데려올 기회가 생긴다. 다시 말해, 당신 인생에 기쁨과 가치를 더해주는 사람과 경험을 위한 자리를 마련하는 것이다.

온화한 무시는 종종 의도치 않은 상황에서 나타난다. 당신의 방을 목적의식을 가지고 잘 관리하지 못한 것에 대한 부산물로 나타나기도 한다. 예컨대, 어쩌다 보니 시간이 부족해 우정에 소홀해지는 상황을 들 수 있다. 반면 온화한 무시가 의도적이고 점진적인 경우도 있는데, 이는 목적의식을 갖고 방을 잘 관리한 것에 대한 직접적 결과이다. 온화한 무시를 잘 활용하는 몇 가지 사례를 살펴보자.

- 상대방의 무리한 부탁을 거절한다.
- 싸움을 원하는 사람과 엮이지 않는다.
- 동료와 주 1회 직접 만나 회의하는 대신 격주마다 온라인 회의를 한다.
- 어떤 조직의 구성원 자격을 유지하되 리더 역할은 내려놓는다.
- 자기 얘기만 늘어놓는 친구에게 전화가 오면 받지만 먼저 전화를 거는 건 월 1회로 제한한다.
- 술집이나 클럽에 가는 대신 배우자 혹은 가족과 시간을 보낸다.
- 불편한 사람의 전화나 메일에 너무 빨리 응답하지 않는다.

온화한 무시가 상대방에게도 도움이 되는 사례 역시 많이 발견할 수 있다. '닻과 같은 사람'이 문제 해결을 위한 노력은 안 하면서 계속 당신을 핑계 삼아 불평만 늘어놓는다면 그들에게서 그 핑계를 뺏으면 된다. 이를 통해 그들은 본인 상황에 대해 더 독립적으로 사고하고 책임지는 사람으로 거듭날 수 있다. 어떤 경우에 온화한 무시는 당신이 타인을 위해 할 수 있는 최선이다. 예컨대, 중독 문제를 겪는 사람의 요구를 들어주지 않거나, 형제끼리 다투면서 부모가 편들어주기를 바라는 자녀의 요구를 들어주지 않는 경우가 그러하다.

여기서 핵심은 의도적이든 의도적이지 않든 간에 온화한 무시가 통한다는 것이다. 따라서 적절한 경우에 의도적으로 온화한 무시를 사용할 것을 권한다. 이것은 점진적으로 이루어질 수도 있다. 다시 말해, 시간의 경과에 따라 서서히 온화한 무시로 이행해가는 것이다. 하룻밤 사이에 갑자기 모든 것이 바뀔 필요는 없다.

수류탄 던지는 사람 무시하기
내 친구의 이야기

한 친구가 가족 내에서 발생한 온화한 무시의 사례를 들려주었다.

친척 한 명이 가족 모임에 와서 매번 수류탄 같은 발언을 하곤 했다. 그녀는 터무니없는 말로 분위기를 망쳤다. 모든 사람이 분노하고 흥분했다. 그녀는 매번 어김없이 모임을 엉망으로 만들었다. 나머지 가족들은 '더는 가족 모임에 안 왔으면 좋겠어'라고 말하기 일보 직전이었지만, 어쨌든 그녀도 가족 구성원이라서 차마 그러지 못했다.

마침내 누군가가 제안했다. "더는 참아줄 수 없다고 말해야 해. 변하는 게 없다고 하더라도 선을 그어야지. 무엇보다 우리의 반응을 바꾸는 게 좋겠어." 가족들은 더는 수류탄을 던지는 사람에게 반응하지 않기로 합의했다.

그녀는 다음 가족 모임에 나타나 또 수류탄 발언을 했다. 그 순간 사람들은 그녀를 보며 이렇게 말했다. "오, 음, 그래." 그런 다음, 다시 고개를 돌리고 각자의 대화로 돌아갔다. 다음 모임에서도 마찬가지였다. 수류탄 발언 뒤에는 "오, 음, 그래"라는 반응뿐이었다. 이런 일이 몇 번 반복되자 그녀는 가족 모임에 안 나오기 시작했다. 한참 시간이 흐른 뒤 다시 나타났을 때, 그녀는 예전보다 훨씬 말을 조심하는 모습이었다.

나쁜 행동을 무시하고 무반응으로 일관한 것이 변화로 이어졌다. 그녀의 공격은 힘을 잃었다. 이러한 형태의 온화한 무시는 모든 수류탄을 무력화한다.

필요한 공간을 만드는 법

이 책에서는 당신에게 누군가를 자물쇠 상자에 집어넣는 의식을 만들어낼 것을 권한다. 누군가를 자물쇠 상자로 보내야 한다고 결정했을 때 공책이나 딜브레이커 목록에서 그들의 이름을 찾고 그들이 왜 자물쇠 상자로 옮겨져야 하는지 그 이유를 생각해보자. 마치 그들에게 직접 이유를 차근차근 설명하듯이 다음 문장들을 완성해보자.

- 너는 자물쇠 상자로 가게 될 건데, 그 이유는 _____.
- 과거에 네가 나에게 _____ 했을 때, 내 기분은 _____.
- 내가 널 내 방 안에 들인 이유는 _____.
- 네가 내 방에 들어와서 좋았던 점은 _____.
- 네가 내 방에 들어와서 안 좋았던 점은 _____.
- 널 자물쇠 상자에 넣으면서 내가 다짐한 건 _____.
- 앞으로 너와 비슷한 사람들을 내 방에 들일 때 난 너에게 배운 교훈을 기억할 거야. 내가 그런 사람들을 허락하는 건 오직 _____ 할 때뿐이야.
- 내가 너에게 바라는 건 _____.

각각의 문장을 신중하게 완성하자. 당신의 행동을 변명하거나 그들의 행동을 얼버무리지 말자. 그런 인간들을 절대 방에 들여서는 안 된다는 교훈을 얻었다 하더라도, 그들이 당신 인생에 미친 긍정적인 영향이 있다면 그 부분은 고마워하자.

이러한 사고과정을 거쳐 당신은 문지기에게 앞으로는 그와 비슷한 사람이나 그와 관련된 경험은 방에 못 들어오게 하라고 지시할 수 있다. 자물쇠 상자, 온화한 무시, 의식 만들기, 엔진과 닻을 구분하는 전략은 서로 공통점이 있다. 당신에게 부정적인 영향을 미치는 누군가 혹은 무언가를 거절함으로써 더 중요한 사람들을 받아들일 공간이 마련된다는 점이다. 이것은 다음 장에서 다룰 주제이기도 하다. 우선, 거절이 왜 그토록 힘든 것인지에 관한 한 친구의 이야기를 들어보자.

왜 우리는 거절하지 못하는가
린의 이야기

린 트위스트Lynne Twist는 여러 상을 받은 베스트셀러 《돈 걱정 없이 행복하게 꿈을 이루는 법》의 저자이다. 린의 이야기를 들어보자.

사람들이 거절을 어려워하는 데는 이유가 있다. 내가 너무 무리하고 있다는 기분이 들 때면 내가 어떤 프로젝트에 집착하는 이유, 그것을 둘러싼 거짓말과 신화를 잘 살펴본다. 거절하는 게 더 힘들다며 모든 도움 요청에 '예스'를 외치는 건 간편하다. 하지만 현실에 제대로 발을 딛고 있기 위해서는 내 방에서 진행되는 프로젝트의 숫자를 통제 가능한 수준으로 조절해야 한다.

내가 인지한 바에 따르면, 우리는 일명 '희소성의 거짓말' 속에서 산다. 이러한 희소성의 조건은 거짓말들의 네트워크에 뿌리를 두고 있다. 물론 '거짓말들의 네트워크'는 다소 과격한 표현이지만 여기엔 내 진심이 담겨 있다. 19세기의 미국작가 조시 빌링스Josh Billings는 말했다. "사람을 바보로 만드는 건 그가 모르는 것이 아니다. 그가 아는 것이 그를 바보로 만든다." 이것이 거짓말들의 네트워크의 본질이다.

무의식적이고 검증되지 않은 사고방식이 만연한데, 이것은 우리의 인간성과 어긋나는 행동으로 이어진다. 이는 당신이 '무엇'을 생각하느냐가 아니라, 당신의 생각이 '어디'에서 오느냐에 관한 문제이다. 당신이 세상만물을 바라보는 데 사용하는 렌즈나 필터가 생각의 출발점인 무의식적이고 검증되지 않은 사고방식에 의해 바뀌게 되는 것이다. 그 결과, 충분히 고민하고 판단하기 이전부터 모든 것이 부족하고 당신은 더 가져야 한다는 인식의 필터가 작동한다.

이러한 희소성의 사고방식은 순전히 함정이다. 이것은 식량이 부족하고, 깨끗한 식수가 부족하고, 주거 공간이 부족한 등 정말로 모든 것이 부족한 현실과는 다르다. 나는 실제로 그런 어려움에 처한 사람들과 오랜 시간을 보낸 경험이 있다. 내가 말하는 건 그런 사람들이 아니다. 내가 말하는 건 부유한 나라에 살면서 무의식적이고 검증되지 않은 사고방식으로 인해 비상식적인 행동을 하고 결핍에 대한 무의식적이고 검증되지 않은 믿음을 가진 사람들이다. 이러한 믿음에는 3가지 종류의 유해한 신화가 포함된다.

첫 번째 유해한 신화는 2개 파트로 나뉜다. 첫째 파트는 모든 것이 부족하다는 인식이다. 시간, 돈, 에너지, 섹스, 잠, 주말, 소유물 등등. 낮에도 시간이 부족하고 밤에도 시간이 부족하다. 뭐든 다 부족하다는 생각에서 헤어나오지 못한다. 둘째 파트는 모든 것이 부족하므로 누군가 혹은 어떤 지역은 소외될 것이라는 인식이다. 이는 파괴적이고 궁극적으로 치명적인 인식이다. 이로 인해 '우리'와 '그들'이라는 경계가 생기고, 당신과 당신에게 속한 것들이 결코 소외되지 않도록 하기 위해서 필요 이상의 축적을 정당화한다.

우리는 어린 시절 친구의 생일 파티에 가서 의자 뺏기 놀이를 하면서 이러한 신화를 무의식적으로 체득한다. 처음에는 행복한 아이들과 애정 넘치는 부모님들이 함께하는 무해한 놀이처럼 보인다. 하지만 놀이가 진행되면서 의자가 하나씩 줄어들 때 당신은 의자를 차지하는 데 몰두한 나머지 의자에 못 앉은 사람이 생긴다는 걸 알아차리지 못한다. 의자가 사라질 때마다 의자를 차지한 아이들보다 의자를 차지하지 못한 아이들이 많아진다. 의자를 차지하려고 다른 친구들을 가장 세게 밀치는 아이가 이 게임의 승자가 된다.

무해하고 단순한 놀이처럼 보이지만 이것은 우리가 살아가는 세계를 대비한 훈련에 가깝다. 자신이 소외되지 않기 위해 타인에게 무슨 짓이든 다 해야 하는 그런 세상 말이다. 일부 리얼리티 TV 프로그램은 이와 유사한 승자독식 모델을 기반으로 하며 이러한 모습이 증폭되어 표출된다. 매 화마다 은유적인 의자의 개수는 줄어들고 누군가는 의자를 차지하지 못해 쇼에서 퇴출된다.

두 번째 유해한 신화는 첫 번째 신화와 직접적으로 연결되는데, 바로 뭐든 더 많을수록 좋다는 인식이다. 1제곱미터라도 더 넓은 집, 더 많은 배, 더 많은 비행기, 더 많은 이것, 더 많은 저것이 낫다는 믿음이다. 우리가 살아가는 세상에서 더 많은 것이 전혀 유용하거나 중요하지 않다는 뜻이 아니다. 다만 무엇이든 더 많은 것을 얻으려는 끝없는 집착이 어불성설이라는 뜻이다.

이것이 유해한 이유는 이러한 욕망이 완전히 무의식적이기 때문이다. 다다익선의 정신은 지속적으로 주입되는 메시지에 의해 계속 강화된다. 분석가들에 따르면 우리는 하루 평균 최소 3천 건의 광고에 노출되며, 그 광고는 우리가 안 가진 것은 물론 이미 가진 것도 더 많이 가져야만 한다고 말한다.

세 번째 유해한 신화는 세상이 원래 그렇다는 인식이다. 이는 내가 할 수 있는 일이 아무것도 없다는 무력감, 체념, 포기를 의미하므로 그야말로 최악이다. 또한 우울증, 실망, 좌절의 근원이기도 하다. 오늘날 우리는 지구상 가장 부유한 나라에 살면서 세계 역사상 가장 많은 빚을 축적해왔다. 이것은 내적인 부표보다 외적인 부에 큰 가치를 두었을 때 발생하는 전형적인 현상이다.

린의 이야기는 부나 명예를 획득하는 방식과 마찬가지로, 당신의 방에 사람들을 모아두는 것 역시 무의식적이고 위험한 마음가짐에서 출발할 수 있음을 보여준다. 즉, 희소성의 거짓말 말이다. 희소성의 거짓말은 다음 소원, 다음 욕구, 다음 책임을 끊임없이 추구하면서도 절대 만족하지 못하는 인생의 굴레에 당신을 빠뜨린다. 인생의 방 안에서 당신은 이 굴레로부터 멀어질 수 있다. 선택은 당신의 몫이다.

거절하는 것에 대해 죄책감을 갖지 않도록
노력하자. 우리는 타인의 요구에 최대한 '네'를
외치고 싶지만, 때로는 너무 큰 대가가 따른다.

7장

거절을 통한
해방과 충만함

한 경영 컨설턴트가 몇 년 전 이렇게 말했다. "당신이 해야 하는 일의 양을 조절하는 건 무의미합니다. 할 일은 늘 차고 넘칠 테니까요. 대신 당신의 역량 관리에 힘쓰세요. 자신의 한계를 명확히 알고 있으면 할 일이 너무 많아지진 않을 거예요."

아인슈타인도 비슷한 믿음을 갖고 있었다. 이 위대한 물리학자는 1921년 보스턴을 방문했을 때 "소리의 속도는 얼마입니까?"라는 질문을 받았다. 그는 책을 들여다보면 금방 알 수 있는 그런 정보를 머릿속에 넣어 다니지 않는다고 답했다. 그는 천재적인 두뇌를 가졌지만, 그런 불필요한 정보로 머릿속을 복잡하게 만들지 않았다. 오히려 머릿속을 정돈된 상태로 유지한 것이 그의 천재성에 직접적으로 기여했다.

당신의 방도 마찬가지다. 그 안에는 당신이 들여보낸 모든 사람이 있고 그 방은 거의 무한대로 확장될 수 있지만, 당신과 가까운 곳에서 상호작용할 수 있는 사람의 수는 한정적이다. 의미 있는 인간관계를 위한 역량도 제한적인데, 그건 인간이기 때문에 어쩔 수 없다. 그 사실을 감안하여 당신은 한정된 역량을 어떻게 활용할 것인지 고민해야 한다.

옥스퍼드대학교의 심리학 교수 로빈 던바Robin Dunbar에 따르면 인간은 한번에 약 150명과의 관계만 유지할 수 있다고 한다. 그의 연구는 30년의 검증을 거쳤는데, 많은 사람이 "잠깐만요, 나는 훨씬 많은 사람들과 알고 지내요!"라고 말하곤 했다. 당신의 방에도 아마 그보다 훨씬 많은 사람이 있을 것이다, 그렇지 않은가? 하지만 던바의 수치는 의미 있는 관계만 따졌을 때 한 시기에 최대 150명 정도를 유지할 수 있다는 뜻이다. 당신의 방에는 오래전 좋은 친구였지만 몇 년간 연락이 끊긴 사람도 많을 것이다. 그들은 저 멀리, 방의 뒤편에 서 있다. 이 글을 읽으면서 아마 몇 명의 얼굴이 눈앞을 스칠 것이다. 또한, 최근 당신과 가까워진 친구들도 있을 텐데, 그들은 당신 가까이에 서 있으며 150명 순위 안에 포함될 것이다.

요점은 당신이 유지할 수 있는 '진정한' 인간관계의 숫자가 제한적이라는 뜻이다. 충격을 뒤로한 채 침착한 마음으로 가만히 들여다보면 양적인 관점에서 그것이 당연하다는 생각마저 든다. 의미 있는 관계에는 시간과 관심이 소요된다. 인간으로서 당신이 나눠줄 수 있는 시간과 관심은 한정적이다. 당신이 아는 사람이 1,000명이라고 하더라도, 던바의 숫자를 기억하자.

어떤 사람, 활동, 책임에 대해 '네'라고 말하기 앞서 누군가에게 할애할 수 있는 시간과 관련하여 당신의 역량을 먼저 점검해보자. '잠깐 시간 있어?'라는 요청에 '네'라고 답할 경우 어쩔 수 없이 시간을 빼앗기게 된다. 대신 마이너스를 통한 플러스의 힘을 배워보자. 어떤 일에 대해서는 '아니요'라고 말함으로써 당신이 마음과 영혼을 다하고 싶은 더 중요한 일을 위한 자리를 마련할 수 있다.

타인의 제안이나 스스로 부여한 기대에 대해 '아니요'라고 말한다고 해도 당신은 여전히 바쁠 것이다. 하지만 당신의 인생은 당신의 잔을 고갈시키는 것이 아니라 가득 채워줄 수 있는 요소들로 충만해질 것이다.

또한 당신은 타인이 당신에게 주고자 하는 것을 과연 짊어질 수 있는지 본인의 은유적인 능력을 평가하는 법을 배워야 한다. 진정한 비극은 단순히 할 일이 너무 많은 것이 아니다. 진정한 비극은 자신이 무엇을 할지 결정하면서 진심을 담지 않는 것, 이 일을 왜 하는지 본인의 목적을 의식적으로 고려하지 않는 것이다. 이것은 희소성의 마음가짐에 관한 문제가 아니다. 당신의 시간과 관심이 유한하다는 사실을 인정하고 그에 따라 행동하는 것에 관한 문제이다.

방의 규칙 #8 거절에도 끈기가 필요하다

거절을 결코 용납하지 못하는 사람들이 있다. 당신이 그들에게 낚여 항복을 선언하기 전에, 좀 더 긴 대답을 해주는 것을 제안하고 싶다. 당신은 이렇게 말할 수 있다.

"이 이야기를 다시 하기 전에 한 가지 알려주고 싶어. 나는 내 삶을 커다란 방이라고 상상하는데, 그 안에는 나에게 중요한 모든 사람들이 있어. 나는 내가 한 시기에 최대 150명 정도의 사람들과 진정한 관계를 맺을 수 있다는 것도 알고 있어. 그건 인생의 진실 중 하나지. 지금 너는 내 방에 들어와 있고, 영원히 내 방에 남아 있을 거야. 다만 나는 방 안에서 누가 나와 가까이 있을지, 누가 나와 멀리 있을지 결정해야 해. 너는 다른 사람들보다 좀 멀리 있다는 걸 알아줬으면 좋겠어."

그들이 계속 고집을 부린다면, 그들을 들여보낸 문지기에 대해 말해주고 이제 관리인이 그들을 더 먼 곳으로 데려가려고 한다는 것을 설명해주자. 그래도 여전히 고집을 부린다면 이제부터 설명할 거절 방법 중 하나를 이용해보자.

이 책에 소개된 이야기를 통해 다른 사람들이 자신의 방을 어떻게 묘사하는지 파악할 수 있다. 그런 내용을 잘 표시해두었다가 나중에 직접 활용해보는 것도 좋다.

거절을 통해 경계 설정하기

4장에서는 당신이 결코 받아들일 수 없는 행동들, 누군가가 딜브레이커임을 알려주는 신호들의 목록을 만들었다. 딜브레이커를 발견한 이후에 취하는 행동에 따라 당신의 방의 성패가 결정된다. 이와 관련된 용어가 '경계 설정setting boundaries이다. 경계를 설정하지 않으면 당신의 방에는 딜브레이커의 행동이 만연해질 것이고, 당신은 방의 주인임에도 불구하고 방향감각을 상실할 것이다. 많은 사람들은 타인의 한계를 잘 알지 못하며, 당신이 명확히 선을 긋지 않으면 그들은 계속 함부로 굴게 된다.

그렇다면 어떻게 경계를 설정해야 할까? 간단한 답은 '아니요'라고 말하는 것이다.

하루에도 수많은 선택을 해야 하는 삶 속에서 거절은 우리가 모든 유혹과 덫을 피할 수 있는 유일한 방법이다. 모든 걸 다 가질 수 있다고 믿는 사람들은 '아니요'라는 대답을 부정적으로 본다. 당신이 모든 걸 다 갖고자 한다면, 당신은 삶을 충만하게 만드는 요소와 삶을 고갈시키는 요소를 현명하게 구분하지 못하는 것일지도 모른다. 솔직히 인정하자, '아니요'라고 말함으로써 인생에서 더 중요한 '네'가 들어설 자리가 늘어난다는 것을.

거절을 통해 경계를 설정할 때 '행동 방해behavioral disruption'라불리는 전략이 가동된다. 행동 방해는 충돌이 아니라 의사소통에서 출발된다. 명확하고 개방적이고 정직하고 직접적인 의사소통은 대부분의 경우 최선의 문제 해결책이다. 이를 위해 관련 인물과 문제를 논의하고, 다음에 또 문제 행동을 했을 때 당신이 어떻게 대응할 것인지를 알려주자. 이는 앞으로 당신이 용납할 수 없는 행동을 방해할 것이라는 뜻이다. 그 사람이 당신이 설정한 경계를 넘어선다면 당장 그를 두고 떠나버리자.

릭 사피오는 어머니와 통화할 때마다 복잡한 감정을 느꼈다. 어머니는 누가 들으면 언어폭력이라고 느낄 정도로 신랄한 불평불만을 늘어놓곤 했다. 릭은 마침내 어머니에게 주기적으로 통화하는 건 좋지만 늘 부정적인 이야기만 듣는 건 불편하다고 솔직히 말씀드렸다. 그 말을 전달한 이후, 그는 어머니가 평소처럼 불평을 늘어놓으려고 하면 할 일이 있어 이만 가봐야 한다고 정중하게 알렸다. 그는 침착하게 작별 인사를 하고 전화를 끊었다. 그런 일은 2, 3번쯤 벌어졌고, 그 후로 어머니의 불평불만이 거의 사라졌다. 릭은 경계를 설정하고 그 원칙을 고수한 것이다.

경계 설정은 특정 행동에 대해 '아니요'라고 말하는 것을 의미한다. 사람들을 곧바로 자물쇠 상자에 집어넣는 것이 아니라, 인간관계를 저해하는 행동을 지적하는 것뿐이다. 방이라는 은유를 포함시켜 말하자면 이렇게 해석할 수 있다. "통화할 때마다 불평만 하시면 어머니를 멀리, 제 방의 뒤편으로 옮길 수밖에 없어요.

그 불평이 어머니에 대한 제 사랑을 밀어내고 있으니까요."

당신이 설정한 경계에 대해 사람들이 기다렸다는 듯이 고마워할 거라고 기대하지는 말자. 하지만 당신이 그 원칙을 고수한다면 마법 같은 일이 일어날 수 있다. 오랜 시간 동안 용납하기 어려운 행동만 반복했던 사람들이 더 의미 있는 행동을 하고 당신과 의미 있는 대화를 나누는 일이 벌어질 수 있다. 당신은 '아니요'라고 말함으로써 용납 불가능한 행동과 그 대가를 알려줄 수 있다. 습관적으로 불평을 늘어놓던 사람이 어느새 행복했던 기억, 최근 TV에서 봤던 내용, 혹은 내년에 정원을 꾸밀 계획에 관해 이야기하게 될지도 모른다. 명확한 경계를 설정한 뒤 사람들에게 적절한 질문을 던짐으로써 이러한 대화를 유도하는 것도 가능하다.

당신의 방에 이미 들어온 사람들을 관리하는 것은 생각만큼 골치 아픈 일이 아닐 수도 있다. 몇 가지 상황에 어떻게 대응할 것인지 미리 조금만 생각해본다면, 허를 찔리거나 의도치 않게 누군가에게 방 안의 통제권을 빼앗길 일은 거의 없을 것이다. 당신의 인생에 장애나 스트레스를 유발하는 방식이 아니라 가치를 더하는 방식으로 사람들을 통제할 수 있게 된다면, 더욱 충만한 삶으로 향하는 길을 발견하게 될 것이다.

이러한 상황을 미리 생각해보는 것은 큰 도움이 된다. 스트레스를 유발하는 인간관계로 고생하면서 자신의 대처에 대해 미리 생각해보지 않으면, 습관적으로 빈정거림, 분노, 냉소로 반응하기 쉽다. 때로는 겁에 질려 거슬리는 사람들을 곧장 자물쇠 상자에 담아 선반에 올려버리라고 관리인에게 명령하고 그들을 잊어버린다. 미리 충분히 고려하지 않은 상황이 닥쳤을 때 이런 반응을 보이는 건 당연하다.

당신은 더 이상 이렇게 소란을 피울 필요가 없다. 이것은 삶을 바꾸는 좋은 경험이 될 수도 있다. 이 과정을 잘 믿고 따른다면 선택을 후회하지 않을 것이다. 당신은 거절의 힘을 상기하기 위해 가끔씩 이 장으로 돌아오게 될 것이다.

타인이 아닌 나를 기준으로

물론 누군가 당신의 경계를 침범할 때마다 화내며 다투라고 권하는 것은 아니다. 상담치료사들과 전문 협상가들은 '타인들이 요구하는 것'에서 '자신에게 필요한 것'으로 초점을 옮기는 도구를 제안한다. 이와 관련된 간단한 공식은 '당신이 이러이러한 일을 할 때, 난 저러저러한 감정을 느껴'이다. 릭과 어머니의 사례에서 공식은 이렇게 적용된다. "어머니가 전화로 불평을 늘어놓으시면 저는 마치 어머니의 어려움을 들어줘야 하는 상담치료사가 된 것 같은 기분이 들어요." 혹은 이렇게 적용될 수 있다. "어머니가 인생에 대해 불평할 때, 저와 제 형제들의 모든 노력이 어머니에겐 전혀 만족스럽지 않았다는 생각이 들어 좌절감을 느껴요."

밤 10시에 메일을 보내고 즉각 답변을 원하는 상사나 사업 파트너에게는 이렇게 말할 수 있다. "긴급 상황도 아닌데 즉각적인 답변을 원할 때, 나는 가족과 시간을 보내는 것과 일을 하는 것 사이에서 혼란스러워요. 너무 지쳐서 둘 다 귀찮게 느껴지죠. 그러니 메일 답장은 다음 날 아침에 하겠습니다."

거절을 위한 최전선

당신의 문지기는 당신 인생의 최전선에서 도움을 줄 수 있다. 당신의 가치 목록, 즉 현재 실천하고 있는 가치와 열망하는 가치의 목록으로 돌아가보자. 지금까지 알고 있는 사실을 바탕으로 몇 가지 탐색적인 질문을 던져보자. 지금이라면 그 동료와 사업을 함께 시작할 것 같은가? 그 친구와 가까워지려고 노력할 것 같은가? 그 이웃을 방으로 들어오게 할 것인가? 약간의 내면 성찰을 통해 앞으로는 다른 선택을 하겠다는 마음을 먹을 수 있다. 이러한 성찰은 당신의 문지기가 당신의 가치에 따라 움직이도록 훈련시키는 과정의 일부이다.

당신이 향후 방으로 들이고 싶은 사람들은 어떨까? 그들은 직장에서 알게 된 사람일 수도 있고, 파티에서 좋은 대화를 나눈 뒤 당신에게 번호를 물어본 사람일 수도 있다. 당신의 사업 관계자라서 어느 정도의 공통분모는 있지만 그가 딜메이커인지, 딜브레이커인지, 아니면 그 중간 어느 곳에 속한 사람인지 아직 판단이 서지 않을 수도 있다.

BNI의 설립자인 아이반은 많은 사람에게 초대를 받는다. 그는 이제 일상 업무에서 손을 뗐지만 친교를 원하는 회원들로부터 자주 초대를 받곤 한다. 그들은 별로 복잡하게 생각하지 않고 그저 창립자와 친분을 쌓고자 한다. 아이반은 많은 사람들을 일상적으로 상대하지만, 그들과 업무 관계 이상의 것을 원하지 않는다. 당신의 삶에도 비슷한 사람들이 있다. 이를테면 통근길이나 자원봉사 위원회에서 정기적으로 만나는 사람들. 그들은 좋은 사람들이지만, 당신의 방에 속해 있지는 않다.

이런 일이 벌어질 때, 아이반은 그 사람들을 바로 돌려보내지 않고 잠시 바깥에서 기다리게 한다. 그들은 문 바깥쪽, 현관 앞에 머문다. 아이반의 태도는 이렇게 요약할 수 있다. "당신에 대해 잘 모르기 때문에 당장 내 방에 들일 수는 없어요. 당신을 섣불리 내 방으로 들였다가 내 관리인이 곧장 당신을 선반에 올려놓는 상황은 원치 않아요. 지금으로서 당신 자리는 현관 앞이에요."

사람들을 다른 곳으로 안내하는 몇 가지 간단한 방법이 있다. 어떤 부탁을 하는 사람이 있다면, 그와 관련하여 더 자격이 있거나 도움이 될 만한 다른 누군가를 소개해주면 된다.

올바른 '네' 말하기
스티븐의 이야기

스티븐 조셉스Stephen Josephs는 비즈니스 성과와 심리학, 심신 훈련의 상관관계에 관심이 많은 경영자 코치이다. 그는 40년 넘게 매일같이 몸과 마음을 단련하는 훈련을 해왔다. 스티븐의 이야기를 들어보자.

나의 문지기는 인재를 발굴하는 역할이다. 그는 이전과 다른 방식으로 위기에 맞서고 기회를 잡고자 하는 사람들을 물색한다. 그들은 새로운 방식을 시도할 수 있을 만큼 개방적이어야 하며, 무엇보다 주의집중 역량을 키울 의지가 있어야 한다. 나는 그런 사람들로 내 방을 채우고 싶다. 내가 그런 지도자들을 가르칠 때, 그들은 가장 많은 것을 습득하고 이를 통해 양쪽 모두 최선의 결과를 얻을 수 있다.

사람들을 선별적으로 받아들인다는 건 누군가에게 '아니요'라고 말하는 것이라기보단 가장 필요한 사람들에게 '네'라고 말하는 것이다. 따라서 나는 나의 지도를 받을 잠재 고객들을 선별하는 데 많은 시간을 들인다. 그들을 깊이 이해할 수 있도록 면담을 진행한다. 누구든 내 웹사이트를 방문해 이러한 면담 신청서를 작성할 수 있지만, 그렇다고 내가 모든 사람을 다 받아주는 건 아니다. 이러한 애정과 관심이 나의 직업적 성공과 행복의 비결이다. 내 월간 일정표에 적힌 고객들의 이름을 볼 때, 나는 그들과의 만남이 너무나 기대된다. 내게는 그 시간이 천국과도 같다. 그들은 내가 기꺼이 '네'라고 말하고 받아들인 사람들이다.

나는 거절을 두려워하지 않는다. 그것이 옳은 일일 때도 있다. 내가 한 친구의 완강하고 험악한 문지기와 마주쳤던 순간이 바로 그런 상황이었다. 1980년대 초에 나와 아내는 아쉬람에 머물면서 매일 몇 시간씩 요가와 명상 수련을 했다. 나는 세미나 지도자였고, 나에게는 그 업계 종사자이며 내가 무척 아끼던 데이비드 고든이라는 친구가 있었다. 우리는 함께 있을 때 미친 듯이 웃곤 했다.

하루는 내가 그에게 전화를 걸었다. 우리가 함께 준비할 만한 워크숍에 관한 아이디어가 떠올랐기 때문이다. 나는 그에게 관심이 있느냐고 물었다. 데이비드는 "내가 들은 이야기가 하나 있는데, 네가 먼저 대답을 해주면 좋겠어"라고 말했다. 그는 당시 나의 요가 선생님과 관련된 사건에 대해 이야기했다.

그 선생님은 뉴멕시코 주 에스파뇰라에서 여성을 위한 여름 훈련 캠프를 운영했는데, 나의 가까운 친구 한 명이 임신 초기에 그 훈련 캠프에 참가하여 고난도 요가 동작을 수행하다가 그만 아이를 유산했다. 그녀는 자신이 얻은 교훈을 다른 여성들에게도 알리고자 했다. 임신 초기에 고지대에서 쿤달리니 요가를 하는 것은 아주 위험하다고 말이다. 그녀는 요가 선생님의 직원을 통해 자신의 유산 경험을 털어놓았다. 하지만 요가 선생님은 따뜻하게 감싸주기는커녕 공개적으로 그 친구를 비난했다. 그는 많은 사람들 앞에서 그녀가 유산한 건 본인의 이기심과 자만심 때문이며, 요가와는 아무 상관이 없다고 했다.

데이비드는 그 이야기가 사실이냐고 물었다. 나는 그렇다고 말했다. 그는 내가 곤경에 처한 친구를 어떤 식으로든 옹호하기 위해 노력했냐고 물었다. 나는 책임을 회피하려고 애쓰며 답했다. "난 그때 거기 없었어. 하지만 나중에 그녀와 함께하려고 노력했지." 그러자 그는 "그래서 넌 그녀를 옹호해줬어?"라고 물었다. 나는 "아니"라고 답했다. 데이비드는 말했다. "그렇다면 난 너와 그 어떤 공개석상에도 함께 서지 않을 거야."

데이비드의 선언은 내 가슴을 관통한 화살처럼 느껴졌다. 동시에 그의 대처가 옳다는 생각이 들었고, 그 생각을 그에게 그대로 전달했다. 전화를 끊고 나서 아내에게 말했다. "우리가 왜 여기 있어야 하는지 이유를 하나만이라도 말해줘." 2주 뒤, 우리는 12년간 몸담았던 그 무리를 떠났다.

이렇게 생각해보면 어떨까. 누군가에게 '아니요'라고 말하면 다른 사람들에게 '네'라고 말할 수 있는 공간이 생긴다. 그것도 올바른 '네' 말이다. 인재를 찾는 일이든 방 안에 들일 누군가를 선택하는 일이든 간에, 훌륭한 문지기는 모두에게 이득이 된다. 문지기가 자기 일을 제대로 할 때, 우리는 진정으로 안식처 같은 공간에서 살 수 있게 된다.

현명하게 '아니요'라고 말하는 법

누군가 당신의 방으로 들어오고 싶어 한다. 혹은 이미 들어와 있는 누군가가 당신과 더 가까워지고자 한다. 당신은 '오, 넌 절대 안 돼!'라고 생각한다. 크게 소리치고 싶은 마음도 들지만, 문제는 그들이 당신을 얼간이, 혹은 그보다 더 최악인 존재로 여길 수 있다는 것이다. 이제 당신과 그들은 서로 적이 되었고, 한 방에 갇혔다. 그들은 당신에게서 멀어질 수도 있고, 항복을 받아내기 위해 당신을 압박할 수도 있다.

"넌 절대 안 돼!"라는 말보다 덜 직접적으로 문제를 해결할 방법도 있다. 다음에 소개된 것과 같은 일련의 대응법을 개발해보자. 아이반은 '외교는 타인이 당신의 뜻을 따르도록 하는 예술'이라고 말한다. 거절은 하되 관계 단절까지 가지 않는 방법이 있다. "넌 절대 안 돼!"라고 외치며 적을 만드는 것은 자신의 방을 관리하는 좋은 기술이 아니다. 관계를 유지하면서 '아니요'라고 말하는 몇 가지 방법을 살펴보자.

- "고맙지만 괜찮아"라고 말한다.
- "만약 내가 승낙한다고 해도 널 실망시킬 것 같아. 난 네가 성공하길 원하지만, 너뿐만 아니라 다른 누구를 위해서도 이런 일은 못 해

줘"라고 말한다.

- 당신이 방에 들이고 싶은 누군가가 엄청난 짐을 가지고 오려고 하는 경우, 짐은 문밖에 두고 오라고 말한다(경계 설정의 한 방법).

- 누군가 이미 방에 들어와 있다면(예컨대 가족 구성원), 관리인에게 그들의 짐에 이름표를 붙여 문밖에 내놓도록 한다(가령 당신의 처남이나 시동생은 방에 들어올 수 있지만, 그들의 신용카드 빚은 현관 앞에 두고 와야 한다. 9장에서 가족 구성원 관리에 대해 자세히 다룰 예정이다).

- 모든 사람에게 당신의 시간을 허락한다면 그 시간은 금방 바닥날 것이고, 자기 자신은 물론 정말 소중한 사람들을 위한 시간도 부족해질 것이다. 이것 또한 역량의 문제인데, 그럴 땐 이렇게 말하자. "나의 역량이 완전히 바닥나서 이제 널 도와줄/들어줄/기다려줄 수 없으니 다른 사람을 찾아보는 게 좋겠어."

- 당신의 문지기에 대해 다른 사람들에게 설명하는 법을 배우자. 예컨대 이렇게 말해보자. "네 전화를 끊은 건 내가 아냐! 내 문지기의 선택이었어!" 그런 다음 그들에게 당신의 방에 대해 설명하자.

- "네가 하는 말을 한번 들어볼게. 하지만 이 대화가 끝난 후에도 내 대답은 변하지 않을 거야"라고 말한다. 가령 돈을 빌려 달라는 친척이나 친구에게 유용하다.

조금 더 단호하게 거절하거나 거리를 더 멀리 두고자 할 때도 있을 것이다. 이때에도 예의를 지키며 '아니요'라고 말할 수 있다.

몇 가지 예를 들어보자.

- "널 방 안으로 들이면 나는 곧 후회하게 될 거야. 관리인을 시켜 너를 먼 곳으로 옮기는 데 시간과 에너지를 써야 할 테니까. 우리 관계는 시작을 안 하는 게 최선이야."

- "내가 널 방 안으로 들이고 가까이에 둔다면, 나와 가까운 다른 누군가는 밀려나게 될 거야. 나는 서로에게 유익하고 따뜻하고 평등한 관계인 사람들만 곁에 두려고 노력하는 편이야. 지금으로서는 그 자리가 다 찼어."

- "네가 말하는 건 너에게 의미가 있겠지만, 나에겐 그만한 가치가 없어. 너는 나의 가치나 욕구를 잘못 판단한 것 같아. 너와 비슷한 가치를 가진 다른 사람을 찾아보는 게 좋겠어."

- "네 허술한 계획 탓에 나까지 비상사태에 처하는 일은 없을 거야. 넌 내 방에 들어올 수 없지만, 이거 하나는 분명히 알아줬으면 해."

- "내 방에서는 사람들이 서로에게 물들 정도로 가까이 서 있어. 난 너의 분노/걱정/습관이 전염될까 봐 걱정돼. 다른 사람은 물론 무엇보다 내가 거기에 전염되지 않았으면 좋겠어."

주의할 점은 이러한 거절이 진정성 있게 전해져야 한다는 점이다. 상대가 자신의 거절에 부정적인 반응을 보이거나 화를 낼까 봐, 혹은 나쁜 사람처럼 비쳐질까 봐 괜히 복잡한 속임수나 계책을 쓰려고 잔머리를 굴리면 오히려 더 심각한 위기에 빠질 수 있다. 예의를 지키면서 솔직해지는 것은 충분히 가능하다.

이 내용을 매일 천천히 반복해서 읽자. 이 중 다수는 당신이 '네'라고 말했기 때문에 당신의 방에 들어온 사람들과 여러 상황들을 상기시켜줄 것이다. 당신은 "이건 좋은 생각이 아니야, 지난 일을 떠올려봐, 제발 거절할 방법을 찾아봐!"라고 말하는 내면의 작은 목소리를 무시하고 '네'라고 말했던 것이다.

그 목소리란 무엇일까? 그건 연륜 풍부한 관리인이 당신에게 (그리고 당신의 문지기에게) 이 상황에선 거절하는 게 모두를 위해 더 낫다고 충고하는 목소리다. 거절하지 않을 경우, 당신은 관리인의 말이 맞았다고 뒤늦게 후회할 것이고, 누군가는 자물쇠 상자에 감금되는 상황이 발생할 것이다.

거절을 할 때에는 입장을 단단히 고수해야 한다. 점점 흥분해서는 안 된다. 대신 당신의 대답을 조금씩 다른 말로 바꿔서 계속 전달하자. 이 방법은 메일을 쓸 때 유용하다. 예컨대 이렇게 답변할 수 있다. "너무 고맙지만, 저는 세금 문제와 관련해서 더는 신규 고객을 받지 않아요." 그들이 계속 고집을 부린다면 이렇게 답변하자. "저는 벌써 2년 전부터 신규 고객을 안 받고 있습니다. 연락 주신 것은 고맙지만, 첨부한 세금대리인 안내 목록을 참고하시는 게 좋겠어요." 여기에 세무대리인 명단의 인터넷 링크를 함께 보내면 된다.

마지막으로 한 가지 중요한 제안을 하고 싶다. 거절하는 것에 대해 죄책감을 갖지 않도록 노력하자. 우리는 타인의 요구에 최대한 '네'를 외치고 싶지만, 때로는 너무 큰 대가가 따른다. 이 경우 거절이라는 결정을 편안한 마음으로 받아들이고, 당신은 지금 방문을 단단히 지키고 있는 것임을 인식해야 한다. '아니요'라고 말한 다음, 당신이 자신을 위해 옳은 선택을 했다는 것을 받아들이고 넘어가자.

자신의 힘을 타인에게 주지 말 것

➜ 이 훈련은 여러 번 시도해볼 만하다. 매번 새로운 통찰을 얻을 수 있으므로 주기적으로 반복할 것을 권한다. 잘못된 사람들을 자꾸 방으로 들여보내는 그 사람, 바로 당신 자신에게 '아니요'라고 말하는 법을 배우게 함으로써 당신의 방을 밝고 역동적인 상태로 유지할 수 있게 된다.

그러면 안 된다는 걸 알면서도 잘못된 사람들을 방으로 들이는 데에는 수많은 이유가 있다. 아마도 당신은 그들에게 뭔가 얻고자 했을지도 모른다. 혹은 친척이라서 선택의 여지가 없다고 생각했을지도 모른다. 이미 방에 들어와 있는 누군가가 당신의 허락도 없이 초대한 사람일지도 모른다(당신의 문지기는 그 사람을 통과시켜선 안 된다).

공책의 페이지 상단에 '안 되는 걸 알면서 내가 [이름]을 방으로 들인 이유'라고 적어보자. 당신이 그 사람들의 끔찍한 행동과 유해한 영향을 나열하기 앞서, 잠시 멈추고 관리인의 조용한 목소리를 경청해보자. 그는 당신의 이런 실수가 처음이 아니라고 말한다. 그들을 방으로 들임으로써 당신이 얻고자 기대했던 건 무엇인가? 인정? 당신이 좋은 사람이라는 뿌듯함? 사업적인 거래 성사? 친구의 부탁? 계속 적어보자. 필요하다면 그 이유들을 내가 '원해서 얻어낸 것'과 내가 '원하지 않아서 피한 것'으로 구분해보자. 가령 원해서 얻어낸 것은 그들의 인정이나 금전적 이득 등이고, 원하지 않아서 피한 것은 죄책감이나 귀찮음 등이다.

당신의 관리인이 말한 것처럼 전에도 이와 비슷한 일이 있었다는 게 떠오를 수도 있다. 그때 결과는 어땠는가? 생각보다 일이 잘 풀렸는가, 아니면 당신의 관리인이 해당 인물들과 그들의 짐을 방 뒤편으로 이동시키는 것으로 마무리되었는가?

이 훈련의 교훈은 단순하다. 당신은 얼마나 많은 힘을 타인에게 넘겨줌으로써 그들이 당신의 행복을 결정하도록 하는가? 당신이 그런 일을 한다면 그 이유는 무엇인가? 우리는 애착, 의무, 약속, 책임을 통해 사소한 권한을 타인에게 나눠주는 경향이 있다.

거절을 통해 권한을 되찾아오기 위해서는 그 인간관계와 중요한 순간들을 점검할 필요가 있다.

'아니요'라고 말하는 법 배우기
리비의 이야기

미네소타 출신 예술가 엘리자베스 '리비' 셀레는 너무 많은 일을 떠맡으면 창의성의 날개가 꺾인다는 것을 배웠다. 더 끔찍한 건, 그게 전부 스스로 자초한 일이란 사실이었다. 그녀는 거절을 할 줄 모르는 사람이었다. 따라서 특단의 조치가 필요했다. 리비의 이야기를 들어보자.

내가 문지기를 만나기 전까지 내 방은 응급실 같았다. 여러 비상사태가 동시다발적으로 발생했다. 문제는 내가 '네'라고 말하는 데 중독되어 있었고 '아니요'라고 말하는 법을 배우는 게 너무 어려웠다는 것이다. 현재는 삶의 질서 유지를 위해 끊임없이 '트리아지'를 실시하고 있다.

나는 뭐든 잘 돌보는 사람이다. 지나치게 잘 돌보는 게 문제라면 문제다. 나는 너무 많은 사람들과 프로젝트들을 떠맡고 있었고, 따라서 나의 개인 작업은 지지부진했다. 창조적 에너지가 폭발하는 순간에도 너무 바빠서 그 내면의 소리에 귀 기울일 겨를이 없었다. 따라서 그 창조적 에너지는 작품의 완성으로 이어지지 않았다.

문지기와 내면의 방에 관한 생각을 접한 후로, 나는 마침내 인생이 내가 원하는 방식으로 흘러간다고 느낄 수 있게 되었다. 나는 많은 프로젝트 제안에 '고맙지만 힘들 것 같아요'라며 거절하기 시작했다. 덕분에 자유로워졌고 내가 열정을 쏟고자 하는 사람들과 프로젝트에만 집중할 수 있게 되었다. 이제 나의 창의력은 흘러넘치고, 이것은 모두에게 득이 된다.

내 남편 같은 사람들은 언제든 편안하게 내게 도움을 요청하고, 나는 남편에게 도움을 주는 것이 즐겁다. 나는 가족과 지역사회를 위해 시간을 내는 것도 좋아한다. 동시에 나를 통해서 이 세상에 나올 수 있는 것들이 존재하며, 나는 그 일을 해야 한다고 느낀다. 따라서 나는 기회와 방해물을 구분하는 연습을 해야 한다. 내가 배운 교훈은 한 번에 하나씩 문제를 해결하는 것이다. 또한, 내가 어떤 사람들과 인연이 있다고 해서, 혹은 그들과 지난 몇 년간 많은 시간을 보냈다고 해서 해당 인물이나 그들의 프로젝트에 반드시 관심을 쏟을 의무는 없다는 것도 배웠다.

나는 초대를 받거나 그들이 기회라고 믿는 어떤 사안을 제안받을 때, 일단 그들의 말을 경청한다. 그러고는 나를 생각해줘서 고맙다고 말한다. 나는 그들에게 항상 먼저 감사한 마음을 알린다. 다음으로, 그들은 내 방에 머물 수 있지만 그런 프로젝트를 가져올 수는 없으며, 내 방에 머물려면 아주 조용히 있어야 한다는 사실을 알린다. 이는 나에게 매우 중요한 프로젝트에 열정을 쏟을 시간을 확보하기 위해 간단한 경계를 설정하는 것이다. 또한, 나는 어떤 프로젝트나 만남, 사교모임을 거절할 때 늘 친절한 태도를 유지하려고 노력한다.

초반에는 나와 나의 문지기, 관리인이 너무 바빠지면 다른 사람들과 소원해지는 건 아닐까 걱정했다. 자꾸 거절하다 보면, 조용한 방 안에 어느새 나만 홀로 덩그러니 남겨지는 건 아닐까 걱정스러웠다. 하지만 내가 해야 할 일을 제대로 하면서 친절한 문지기를 제자리에 세워 둘 경우, 사람들은 그것을 보고 어떤 식으로든 나와 연결되어 있다고 느꼈다. 그들은 내가 그들과 시간을 보내지 않는다고 보채지 않았다.

나는 종종 이웃 할아버지와 카드게임을 하며 시간을 보냈다. 오늘 그는 한 게임을 더 하고 싶다고 했지만, 나는 이렇게 말했다. "레너드, 저는 집에 가봐야 해요. 오늘은 햇빛이 너무 완벽해서 지금 작업 중인 그림을 끝내고 싶어요. 대신 일요일에 다시 만나요." 그는 이 제안을 순순히 받아들였다. 예전 같았으면 난 이렇게 말했을 것이다. "음, 좋아요, 한 게임만 더 해요." 예전에는 어느 정도 내가 그를 살아 있게 만드는 존재라고 믿었다. 하지만 그는 혼자서도 괜찮은 사람이라는 걸 이제 알게 되었다.

정신을 산만하게 하는 제안에 '아니요'라고 말하는 건 가장 중요한 기회가 왔을 때 '네'라고 말할 수 있는 여유 공간을 마련하는 것이다. 예컨대 이웃을 방문하는 건전한 활동이라고 하더라도, 간단한 제한을 설정하는 것은 삶의 매 순간에 행할 수 있는 좋은 훈련이 된다.

당신은 인간이므로 실수를 하게 된다. 당신에게

유능한 문지기와 관리인이 필요한 이유는

그 실수를 고쳐 나가도록 돕기 위해서다.

8장

방의 기쁨과
함정 이해하기

지난 몇 년간, "당신의 방에는 누가 있는가?"라는 질문을 삶에 적용한 사람들에게서 공통된 경험을 발견할 수 있었다. 여느 기술과 마찬가지로, 이 전략을 건강한 습관으로 발전시키기 위해서는 반복과 연습이 필요하다. 그건 시간이 걸리는 일이다. 하지만 당신의 방을 관리하는 것과 관련된 기쁨과 함정을 잘 고려한다면 그 시간을 단축할 수 있다. 이번 8장에서는 이 질문이 인생을 바꾸는 경험으로 발전하게 되는 순간이나 관련 주제를 파악하는 방법을 소개한다.

당신은 어떤 사람을 방에 들이고 싶은 순간과 그런 충동의 원인을 알아차리는 습관을 기르게 될 것이다. 또한 자동적으로 건강한 선택을 하게 될 것이다. 누군가 당신의 삶 속으로 들어오려고 할 때, 즉 방 안으로 들어오려 할 때 당신은 곧바로 '네' 혹은 '아니요'를 말하는 대신 그러한 선택의 의미를 고려하게 될 것이다. 당신의 문지기는 당신의 시간, 인생, 관심을 차지할 자격이 있는 사람이 누구인지 좀 더 깐깐하게 판단할 것이다. 당신의 관리인은 방 안의 사람을 부드럽지만 단호하게 먼 곳으로 혹은 선반 위로 이동시켜야 하는 순간을 더 잘 알아차리게 될 것이다.

오그 만디노의 명언을 통해 이러한 습관들을 되새겨볼 수 있다. "나는 수년에 걸쳐 형성된 습관에 나의 자유의지를 빼앗겼고, 내 삶의 과거 행동들은 내 미래를 가둘 위험이 있는 길을 만들었다. 그러므로 내가 습관의 노예일 수밖에 없다면 좋은 습관의 노예가 되자. 나의 나쁜 습관은 고쳐져야 하고, 좋은 씨앗을 뿌리기 위한 새 고랑이 준비되어야 한다."

4장에서는 일반적으로 더 강렬하게 기억되는 딜브레이커를 먼저 설명하고 딜메이커를 나중에 설명했다. 하지만 방의 기쁨과 함정을 설명하는 이번 장에서는 긍정적인 부분부터 소개하겠다.

방에서 기쁨 발견하기

당신은 긍정적인 사람들을 더 많이 방에 들임으로써 기쁨을 발견할 수 있다. 그들은 애정과 영감과 재능이 넘치고 성공한 사람이거나 롤모델이다. 여기에는 악기 연주나 요리, 창작 같은 특정 분야를 마스터한 사람은 물론, 어떤 조직의 일원이나 스폰서도 포함된다.

마스터, 어떤 일의 경지에 오른 사람

어떤 분야의 마스터가 된다는 것은 매우 강력하고 복잡한 주제이므로, 그에 관한 책이 넘쳐난다. 저자들은 '어떤 일이든 1만 시간을 연습하면 그것을 잘할 수 있게 있다'라는 간단한 공식에 흥미를 느끼는 동시에 의심을 품는다. (그 말이 사실이라면 더그는 골프를 끝내주게 잘해야 하는데, 실상은 그렇지 않다.) 마스터가 되는 것은 적성, 의지, 체력 및 정신력, 열정, 근면성, 능숙함의 복잡한 상호관계를 통해 가능하다.

심리학자 미하이 칙센트미하이Mihaly Csikszentmihalyi는 그의 저서 《몰입》에서 자아를 망각할 정도로 어떤 활동에 몰입하는 상태를 설명한다. 놀이에 빠진 어린아이, 챔피언 운동선수, 체스 고수에게서 그런 상태를 확인할 수 있다. 설명 방식의 차이가 있을 수는 있겠지만, 그러한 몰입을 훈련하는 것은 어떤 활동의 마스터가 되기 위해 노력하는 것과 같다. 어린아이만큼 놀이를 잘하는 사람이 어디 있을까?

어떤 활동의 마스터가 되면 성공과 만족감이 뒤따른다. 마스터가 되기 위해 오랜 시간 어떤 활동에 매달리게 되면, 계속 더 나아지고자 하는 욕구가 생기고 그 욕구는 절대 마르지 않는다. 가장 성공한 사람들은 이러한 상태를 다양한 방식으로 표현한다. 아이반은 특히 '나는 여전히 배우는 중이다'라는 표현을 좋아한다. 이 말을 처음 한 사람은 미켈란젤로라고 알려져 있지만, 무하마드 알리 같은 다른 사람들의 입에서도 많이 나온 말이다.

미국에서 가장 많은 미슐랭 스타를 획득한 요리사 토머스 켈러Thomas Keller는 자신이 뛰어난 요리사인 것을 인정하면서도 스튜어트에게 이렇게 말했다. "당신이 훌륭한 요리사이고 나보다 더 좋은 재료를 구할 수 있다면, 그날만큼은 나보다 더 나은 요리사가 될 수 있을 겁니다." 그의 솔직한 고백은 그의 탁월한 요리 솜씨에 대한 사람들의 관점을 뒤흔든다. 켈러는 자신이 만들어내는 경험이 여러 부분들의 총합이라는 것을 잘 아는 마스터이다. 이러한 겸손한 태도로 인해 그는 자신이 하는 모든 사소한 일에 완벽을 추구한다.

당신의 방에도 마스터가 있는가? 그들의 재능과 성실함을 발견했을 때, 당신은 자동적인 비교 모드로 들어가는가? '나는 사람들 앞에서 절대 저렇게 말을 잘하지 못할 텐데', '나는 절대 기타를 저렇게 연주하지 못할 거야', 혹은 '나는 절대 저 사람처럼 돈 관리를 잘하지 못할 거야'라고 생각하진 않는가? 만약 그렇다면, 당신은 좋은 본보기를 낭비하는 꼴이다. 쓸데없이 비교하는 마음을 버리고, 그들의 재능, 그리고 사랑하는 일을 대할 때의 태도를 배워보자.

그 누구도 당신에게 어떤 일에 애정을 쏟아야 한다고, 혹은 어떤 힘든 기술을 마스터해야 한다고 정해줄 수는 없다. 그 대신, 당신이 아는 사람 중 어떤 일을 아주 잘하는 사람들을 떠올리고, 그들의 신념과 행동을 당신이 좋아하는 일에 적용할 방법이 없는지 스스로 고민해볼 것을 추천한다. 그들과 당신을 단순 비교하거나 그들을 무작정 흉내 내는 일은 지양하자. 당신이 마스터해야 하는 분야는 그들이 마스터한 분야와 거의 대부분 일치하지 않기 때문이다.

어떤 일의 마스터가 되는 일을 이해하기 위해 우선 공책을 꺼내 당신이 '마스터'라고 부르는 사람들을 인터뷰해보자. 그리고 그들과 이 문제에 관해 대화해보자.

- 그들은 무엇을 잘하는가?
- 어떤 분야의 마스터가 되는 것, 혹은 마스터로서 계속 성장하는 것은 그들에게 어떤 의미인가?
- 마스터가 되기 위한 그들의 습관은 무엇인가? (예: 매일 연습하기, 공부하기 등)
- 자신의 능력에 관한 그들의 태도는 어떠한가? (예: 겸손함, 자부심, 도전적, 열정적 등)
- 그들이 존경하는 마스터는 누구인가?

멘토와 스폰서, 긍정적 영향력을 주는 사람

멘토는 그 누구의 방에서든 간에 가장 대단한 사람들이다. 그들은 당신이 오래전 알고 지낸 선생님일 수도 있고, 당신이 앞으로 나아갈 수 있게 도왔던 부모, 코치, 매니저, 친구일 수도 있다. 보통 '멘토' 하면 비즈니스 업계가 많이 떠오를 것이다. 예컨대, 법무법인의 시니어 파트너가 멘토로 나서서 자신이 오랫동안 축적한 기술과 요령을 전도유망한, 혹은 갈피를 못 잡고 고군분투하는 젊은 직원에게 전수해주는 상황 말이다.

한 은퇴한 대학 총장은 비즈니스나 교육 분야에서의 특별한 멘토를 '스폰서'라고 부른다. 스폰서는 조언과 격려만 제공하는 것이 아니라, 당신을 위해 적극적으로 기회를 만들어준다. 비즈니스 업계에서 그들은 당신의 역량이나 전문성을 끌어올릴 수 있는 프로젝트를 제안하며 이렇게 말한다. "일을 배우느라 조금 고생하겠지만, 너라면 충분히 할 수 있어. 당장은 서툴고 힘들겠지만, 너라면 금방 실력이 늘 거야." 당신의 방에서 스폰서는 당신 가까이로 직접 다가올 것이다. 그들은 자신의 전문성이나 영향력을 타인에게 나누어 줌으로써 에너지를 얻는다.

스폰서의 역할은 삶의 어떤 영역에서 이미 성공을 거두었고 이제 그 빚을 갚고 싶어 하는, 타인의 인생에 실질적 변화를 주고자 하는 연장자들에게 특히 잘 어울린다. 당신도 그런 사람을 분명 방 안으로 들이고 싶을 것이다.

선생님들, 조언자들과 꾸준히 연락하자! 그들은 평생 가는 멘토나 스폰서가 될 수 있다. 한 유명한 경제학자는 논문을 준비하면서 복잡한 방정식을 해결하지 못해 몇 달째 전전긍긍했다. 그는 우연찮은 기회에 학생 시절 자신을 가르친 수학 멘토에게 자신이 이 문제로 얼마나 고전하고 있는지 알렸다. 그 멘토는 곧바로 답장을 보냈다. "자네가 거듭제곱급수를 시도해봤는데도 답이 안 나왔다면 나로서도 뾰족한 수가 없다네." 물론 거듭제곱급수는 이 문제를 푸는 열쇠였고, 그 경제학자는 논문을 발표해 큰 성공을 거둘 수 있었다.

많은 사람들은 직접 만나본 적은 없지만 큰 영향을 받은 가상의 멘토를 두고 있다. 그 멘토는 철학가, 예술가, 음악가일 수도 있고, 성 아우구스티누스, 셰익스피어, 스토아 철학자들 같은 역사적 인물일 수도 있다. 피터 드러커 같은 비즈니스 업계의 거물, 혹은 마틴 루서 킹 주니어나 로널드 레이건 같은 사회·정치 지도자일 수도 있다. 가상의 멘토는 우리의 경험이 대체로 주관적이라는 사실을 증명한다. 직접적인 접촉이 없더라도, 당신은 그들이 당신의 신념에 미치는 영향으로 말미암아 그들과 감정적 관계를 형성할 수 있다.

수 세기 전의 철학자들이 어떻게 멘토가 될 수 있을까? 당신의 인생에 그들의 사상을 적극적으로 대입할 경우, 당신의 문지기는 그들을 방 안으로 들이게 된다. 그들과 같은 멘토가 당신 마음속에 있을 때, 특히 당신에게 좋은 영향을 미칠 때 그들은 당신의 방 안에 있는 셈이다. 훌륭한 성자, 스승, 현자, 철학자가 자신의 방에서 강력한 영향력을 미친다고 말하는 사람은 수없이 많다.

앨리스 워터스Alice Waters는 요리의 달인일 뿐 아니라, 음식 및 식품업계와 미국인들의 관계를 재정립한 인물이기도 하다. 하루는 그녀가 자신의 가상 멘토에 관해 이렇게 말했다. "지금은 돌아가신 분이고 제가 직접 뵌 적은 없지만, 음식과 요리에 관한 책을 쓰신 분이죠. 그분의 핵심적인 생각은 요리 인생 내내 저에게 영향을 미쳤어요." 워터스는 가장 탁월하고 혁신적인 여러 셰프들의 실질적인 인생 멘토가 되었으며, 요리를 좋아하는 사람들에게 가상 멘토가 되어주었다.

멘토를 떠올릴 때 한 가지 주의할 점이 있다. 당신은 자신이 존경하고 우러러보는 사람들에게 지나치게 매몰될 수 있다. 그들 역시 단점과 결점을 지닌 인간들이다. 그들을 있는 그대로 보지 못한다면, 그들에 대한 왜곡된 견해가 생겨나고 그들을 지나치게 가까운 곳으로 끌어당길 수도 있다.

당신에게도 멘토가 있는가? 혹은 과거에 멘토가 있었던 적이 있는가? 멘토들의 이름을 적고 질문에 답해보자.

- 당신의 멘토는 누구인가?
- 각각의 멘토를 방에 들이기로 결정한 이유는 무엇인가?

- 당신은 그들에게 무엇을 받고 무엇을 주는가?

- 그들에게 감사한 마음을 전하거나 그들의 가르침이 어떤 의미인지 말한 적이 있는가?

- 그들은 지금 방 안의 올바른 위치에 있는가, 아니면 위치 변경이 필요한가?

- 당신의 가상 멘토는 누구인가?

당신은 누군가의 멘토인가? 그렇다면 당신을 멘토로 삼는 사람들도 당신의 방에 들어와 있는 셈이다. 그들을 당신의 멘토 인간관계 목록에 포함시키자.

방의 규칙 #9 세상에는 멘토도 있고 안티멘토도 있다

멘토가 있는가 하면, 안티멘토antimentor도 있다. 우리가 반면교사로 삼아야 하는, 부정적인 언행을 일삼는 사람들 말이다. 더그는 조직 관리에 관한 워크숍을 진행하면서 참가자들을 상대로 최악의 상사 경연대회를 한다. 각자 경험한 최악의 상사를 소개한 뒤, 누가 진짜 최악인지 투표를 한다. 참가자들은 바쁘게 손을 들고 직원들을 무시하는 상사, 끔찍한 결정을 내리는 상사, 친척을 고용하는 상사에 대해 이야기한다. 한때 탄탄했던 회사를 말아먹은 상사, 직원들 사기를 꺾고 본인만

거액의 보너스를 챙겨가는 상사도 등장한다. 당신도 끔찍한 상사에 관한 이야기를 지금 당장 공책에 적을 수 있을 것이다. 한번 해보길 바란다.

작가이자 기술 전문가인 케빈 켈리Kevin Kelly는 자신의 블로그에 이런 글을 올렸다. "당신이 저렇게 되기 싫다고 생각하는 사람 밑에서 절대 일하지 마라."

안티멘토는 반면교사를 통해 우리의 가치를 알려준다(더 자세한 내용은 다음 장에서 다룰 예정이다). 그들은 이미 당신의 방에 있지만, 그들이 있어야 할 곳은 자물쇠 상자 안, 선반 위이다.

한 친구는 안티멘토 목록을 만들면서 그중 가장 최악인 일부를 '고문자tormentor'로 명명하는 방법을 제안하기도 했다.

기쁨과 함정의 경계

'바쁨'은 '기쁨'과 '함정'의 경계에 존재한다. 항상 바쁘고, 늘 해야 할 일 목록이 늘어만 가는가? 아이반은 이러한 바쁨이 인생을 혼란스럽게 만드는 첫 번째 이유라고 말한다. 그는 사람들에게 마음속의 방을 정리정돈하기 위해 사고방식을 바꿀 것을 제안한다.

그의 제안은 다음과 같다. "'나는 충만한 인생을 산다'라고 말해보세요." 만약 당신이 자신의 가치에 충실하고 진정으로 원하는 일을 한다면, 또한 이 책의 조언을 충실히 따른다면, 당신은 자신에게 유익하고 의미 있는 것들로 충만한 삶을 살게 될 것이다. 겉으로는 한없이 바빠 보이겠지만, 안을 들여다보면 기쁨이 넘쳐날 수 있다.

방을 위협하는 함정 피하기

함정pitfall의 사전적 정의는 동물을 잡기 위한 목적으로 땅을 판 뒤 구덩이를 가볍게 덮어둔 것이다. 당신을 깜짝 놀라게 하고 당신의 방 분위기를 망치는 사람이나 활동을 설명하기에 이보다 더 좋은 단어는 없다. 그에 따른 여파는 지금껏 익히 봐왔던 것이다. 당신이 이런 함정에 빠질 경우, 당신의 관리인은 바쁘게 방 안을 재정비해야 한다. 당신의 문지기는 이런 사태가 벌어지지 않도록 미리 주의해야 한다.

좋은 의도와 그렇지 못한 결과

누구나 자신의 머리와 가슴이, 본인과 방 안의 모든 이들을 위한 좋은 의도로 가득하기를 바란다. 하지만 때로 좋은 의도가 나쁜 행동을 낳기도 한다. 당신은 친구들을 사랑하고 늘 돕고 싶은 마음을 갖고 있다. 하지만 그것 때문에 친구에게 돈을 빌려주거나, 당신의 능력치를 벗어나는 약속을 하거나, 다른 친구의 뒷담화를 하는 등 친구의 나쁜 짓에 가담한다면, 좋은 의도가 빚어낸 불편한 상황 때문에 후회하게 될 것이다.

소음, 드라마, 갈등 일으키기

당신과 안 맞는 사람들은 당신 인생을 못 견딜 정도로 혼란스럽게 만들 수 있다. 인생이 너무 혼란스럽다고 느낀 적이 있는가? 어떤 사람들이 당신의 방으로 가져오는 소란의 음량을 줄인다면 도움이 될 것 같은가? 어쩌면 당신은 그들이 도움은커녕 피해만 줄 것을 알면서도 그 사람들을 밀어내는 일을 두려워하는지도 모른다. 혹은 공포나 민망함 때문에 유해한 사람들을 방문 앞에서 막지 못하고 그들이 대혼란을 일으키도록 방치하는 걸지도 모른다.

당신의 방은 이미 가득 차 있는가? 이미 충분히 시끄러운가? 요란한 사건으로 가득한가? 지겨운가? 화난 사람들이 많은가? 설상가상으로, 이 중 여러 상황이 동시다발적으로 발생하고 있는가? 반대로, 텅 빈 공간에 혼자 있다고 느낀 적이 있는가? 지도 없이 방향을 잃은 기분을 느낀 적이 있는가? 우정, 조언, 멘토의 도움이 절실하다고 느낀 적이 있는가?

우리는 전문적인 네트워크 단체 내에서 이러한 상황을 여러 차례 목격했다. 단체에 참여하는 사람들은 해당 단체의 성패에 중요한 영향을 미친다. 잘못된 사람 한 명만으로도 재앙 같은 상황이 펼쳐지고, 그룹의 긍정적인 역동성이 훼손될 수 있다. 당신이 그런 단체에 속해 있다면, 상황이 얼마나 급격히 악화될 수 있는지 잘 알 것이다.

미끼 던지고 돌변하기

하루는 한 친구가 머리를 하던 중 미용사에게 자신의 문제를 털어놓았다.

"이해가 안 돼요. 몇 달간 데이트한 남자가 있는데, 처음엔 너무 배려심 많고 상냥했어요. 내게 먼저 전화를 했고, 나를 있는 그대로 좋아해주었고, 늘 느긋하고 유쾌한 사람이었죠. 그러다가 나랑 진지한 사이가 되었어요. 서로 더 이상 다른 사람을 만나지 말고 진짜 연인이 되기로 했죠. 우리는 주말마다 함께 시간을 보냈고, 내 친구들에게 그를 소개해주기도 했어요. 그렇게 몇 달을 보내는 동안 그는 아주 끔찍한 인간으로 변했어요. 전화도 없이 불쑥 나타나고 그의 말과 농담은 점점 더 비열해지고 있어요. 그는 나를 당연하게 여기는 것 같아요. 대체 왜 이렇게 된 거죠?"

미용사는 이 상황을 멋지게 요약했다. "처음 몇 달 동안, 당신이 만난 건 그 사람이 아니라, 일종의 판매 대리인이었어요."

미끼를 던지고 돌변하는 사람들은 거짓으로 치장한 채 당신의 방에 잠입한다. 당신은 그들에게 만회할 기회를 줄 수도 있지만, 그 판매 대리인이 미끼였고 돌변한 모습이 진짜라면 그 사람이 갈 곳은 자물쇠 상자 안, 선반 위이다.

부정적인 태도로 일관하기

부정적인 사람은 모든 좋은 일에 안 좋은 면이 있음을 당신에게 알려준다. 당신이 직장에서 훌륭한 업무 평가를 받았을 때, 그들은 그 평가가 뭔가 조작된 것이라고, 혹은 당신이 곧 새로운 업무를 떠맡아 고생하게 될 거라고 말한다. 또는 자신은 부당하게 좋지 않은 평가를 받았다고 하거나, 관리자들은 전부 머저리라고 폄하하는 식이다.

부정적인 태도는 당신의 방에서 발견할 수 있는 가장 흔한 고통의 원인이다. 무지갯빛 세상을 믿는 낙관론자가 아니더라도, 지나치게 부정적인 태도가 관계를 통제하고 인생의 방을 장악하기 위한 한 방편이라는 것은 쉽게 알 수 있다. 당신이 어떤 사건의 긍정적인 면에 대해 누군가를 끊임없이 설득해야만 한다면, 이제 그 사람을 어디로 보내는 것이 좋을지 진지하게 고민해봐야 할 시점이 아닌가 싶다.

분명히 말하자면, 가까운 사람의 죽음을 애도하거나 우울증을 겪는 사람들을 말하는 게 아니다. 그들에게는 연민을 품고 친절해야 한다. 여기서 말하는 건, 최악을 예상하거나 비관론을 방 안에 퍼뜨리는 것을 일종의 유희로 여기는 사람들이다.

특별히 당신의 방과 관련하여 부정적인 사람도 있다. 방이 존재한다는 생각 자체를 조롱하거나 비하하는 사람 말이다. 오래전 깨달은 바에 따르면, 그들에게 진짜 중요한 건 자신의 견해를 유지하는 것뿐이다. 그들은 이렇게 말한다. "무슨 소리를 하는 거야? 그건 단지 은유일 뿐이잖아!" 그럴 때 우리는 이렇게 답한다. "그건 그렇지. 하지만 인생의 다른 은유들과 마찬가지로, 이건 아주 개인적인 문제이고 유용해." 그들 역시 일상적으로 '여기가 천국이네', '나한테는 체육관이 집이야' 같은 여러 은유들을 사용하고 있음을 떠올려보라고 하는 방법도 있다.

부정적 태도는 심각한 우울증과 한 가지 공통점이 있다. 그건 끊임없이 자신에게로 시선을 돌리는 마음 상태라는 것이다. 부정적 태도가 난무하는 소셜미디어와 마찬가지로, 부정적 태도를 가진 사람은 보통 객관적인 토론에 별 관심이 없다. 사실 당신의 방이 지닌 가치에 대해 누군가를 설득시키기 위해 노력하라는 조언은 불필요하다. 그 판단은 당신의 몫이다.

소셜미디어, 뉴스, 의견에 중독되기

당신이 가족이나 친구들과 소통하기 위해 소셜미디어를 활용하는 것은 이해한다. 많은 이들이 그런 용도로 소셜미디어를 이용한다. 또 많은 사람들은 사업을 위해 소셜미디어를 이용해야하기도 한다. 하지만 할 일을 마친 후에는 계속해서 몇 시간씩 그 안에 빠져 있을 게 아니라 다른 일로 넘어가야 한다. 문제는 특별한 이유나 이익 없이 그 안에 빠져 있는 경우다. 소셜미디어는 이용자들이 눈을 떼지 못하고 계속 스크롤을 내리도록 설계되었으며, 이러한 중독성은 다른 종류의 중독과 비슷하다. 잠깐은 즐거울지 몰라도 동일한 수준의 쾌락을 얻기 위해서는 점점 더 많은 양과 높은 강도가 요구된다.

많은 사람들의 경우, 소셜미디어의 가상 세계는 그들의 방 안에서 가장 혼란스럽고 인구밀도가 높은 구역일 것이다. 소셜미디어에서는 대부분 얼굴도 모르는 사람들끼리 불꽃 튀는 논쟁을 벌인다. 그곳에서는 인간관계 없이, 가상의 적이나 동맹을 상대로 부정적인 감정만 내던져진다. 알고리즘, 봇bot, 아바타, 그리고 끝없는 광고는 보는 이들의 즉각적인 반응을 유도하는데, 이를 통해 이용자들은 자신이 실제 인간들과 상호작용하거나 가치 있는 활동을 하고 있다는 착각에 빠진다.

당신의 방은 논객, 소셜미디어 속 인물, 뉴스 속 인물, 유명인들로 가득한가? 그들이 당신의 방에 들어와 있는지 여부는 당신이 그들에게 얼마만큼 반응하는지에 달렸다. 이것은 가상 인간관계의 부정적인 면이다. 그들은 가상의 멘토와 비슷하지만 당신의 시간과 관심을 무한히 앗아갈 수 있는 능력을 갖고 있다. 이 관계는 진짜가 아니지만 가장 강력한 형태로 변질될 경우 실제 인간관계와 같은 감정을 유발한다.

소셜미디어, 의견, 뉴스, 유명인 가십의 중독을 치료하기 위한 방법은 인식과 선택이다. 우리는 사람들에게 이런 것들을 아주 적은 양만 섭취하는 것을 권한다. 다시 말해, 소셜미디어 노출 시간을 제한하는 것이다. 여기에는 책 한 권을 써도 좋을 만큼 다양한 방법이 있다.

세계적 재난은 이것을 분명히 알려준다. 코로나19 초반에 아이반은 온라인 워크숍 참가자들이 곧 종말이 찾아와 세상이 무너질 것 같은 불안에 사로잡혀 있는 것을 발견했다. 물론 끔찍한 시기이긴 했지만, 아이반은 사람들에게 안전한 장소에서 적절한 정보를 취하되 뉴스를 조금만 보라고 조언했다.

"몇 시간씩 똑같은 이야기를 반복해서 읽고 똑같은 내용을 듣지 마세요. 모두의 일상이 망가졌어요. 현실을 있는 그대로 받아들이고, 공감, 친절, 봉사를 통해 희망에 기여하세요. 속도를 줄일 수밖에 없다면 속도를 줄이세요. 인생의 전환점이 될 수도 있어요. 위기를 극복하는 과정에서 더 나은 세상을 만드는 데 기여할 수 있어요. 잃어버린 것을 애도하는 동시에 새로운 세상을 만들어갈 수 있어요."

전 세계 많은 이들을 힘들게 했던 코로나19 위기를 통한 최고의 통찰 중 하나는 비벡 무르티Vivek Murthy 미국 공중보건국장이 내놓은 것이다. 그는 이번 팬데믹을 통해 우리가 얼마나 강한 회복력과 적응력을 지녔는지 알게 되었다고 말했다. 또한 우리에게 2019년으로 돌아가기를 원하는지, 아니면 전염병이 잠잠해짐에 따라 더 나은 삶, 더 의미 있고 서로 연결된 삶으로 나아가기를 원하는지 질문을 던졌다.

사랑하지만 어려운 인간관계를 위한 특효약

사랑하긴 하지만 손이 잘 안 닿는 높은 선반 위로 치워버리고 싶은 마음이 동시에 드는 사람이 없다고 한다면, 그건 거짓말일 것이다. 이러한 골칫덩이들은 보통 우리가 사랑하기 때문에 우리 인생에서 완전히 퇴출시킬 수 없는 가족 혹은 오랜 친구이다. 우리는 그들을 방에 두고 싶긴 하지만, 아주 적은 용량만 복용하고 싶다. 이렇게 견디기 힘든 사람들과 아주 뜸하게 마주칠 수 있다면 얼마나 좋을까!

최소 용량 복용을 바라보는 또 다른 방법은 '희석 용량homeopathic dose'이라는 개념이다. 희석 용량은 증상 치료를 위해 처방하는 아주 작은 한 방울의 약이다. 자기계발 업계의 선도주자인 애리얼 포드Arielle Ford는 방 안의 사람들을 다루는 데 있어 희석 용량의 가치를 인터뷰에서 언급한 적이 있다. 포드는 당신이 사랑하지만 당신의 가치에 부합하지 않는 사람들, 혹은 이유는 잘 모르겠지만 옆에 있으면 불편한 사람들을 위한 본인만의 규칙을 만들 것을 추천한다. 이러한 규칙은 그들과의 상호작용을 위한 틀을 만드는 데 유용하다.

당신의 목표는 이 사람들을 만나 마음을 나누되 최대한 뜸하게, 그것도 아주 짧은 시간만 만나는 것이 될 수 있다. 그렇게 하면 당신은 여전히 그들과의 관계를 유지하면서 포드가 조언하는 것처럼 '그들의 소란스러움이나 광기에 전염되는 것'은 피할 수 있다.

포드는 신속하게 적용할 수 있는 규칙을 만들 것을 권하는데, 작은 변화가 큰 효과를 낼 수 있기 때문이다. 예컨대, 누군가에게 2달 전에 미리 전화를 걸어 그가 사는 동네에 일주일간 머물 것이라고 알려주는 대신, 도착 직전에 전화를 걸어 잠깐 만나 45분 정도 차를 한잔할 수 있겠느냐고 묻는 것이다. 마찬가지로, 시끄러운 사건이 끊이지 않는 사촌에게 전화가 오면 이렇게 말할 수 있다. "전화해줘서 너무 반가워! 그런데 지금은 10분밖에 시간 여유가 없네. 어떻게 지내는지 빨리 이야기하자." 각자의 상황에 따라 표현은 달라질 수 있겠지만, 무슨 의미인지 대충 이해했을 것이다. 당신이 자신의 언어를 사용한다면 이 기술은 더 큰 효과를 낼 수 있다.

어떤 친구들 혹은 가족들을 만나고 싶을 때, 따로 약속을 잡기보다 많은 사람이 참여하는 모임을 활용하는 것도 좋다. 그곳에서는 당신의 관심이 그들에게 너무 집중되지 않는 상태에서 자연스럽게 어울릴 수 있다. 휴일 파티, 가족 모임, 동창회, 연례 행사는 너무 골치 아픈 상황에 휘말리지 않으면서 관계를 유지할 수 있는 적합한 장소이다. 이런 사람들에게는 기운을 빼앗기기 쉬우므로, 그것을 미리 인지하고 계획을 잡는 것이 최선이다. 다시 말해, 그들이 당신의 방에서 앞쪽으로 비집고 들어오지 못하도록 미리 대비해야 한다.

덧붙여, 희석 용량의 개념을 여러 활동에도 확장하여 적용할 수 있다. 그중 첫 번째는 별 의미 없이 들여다보는 소셜미디어다. 두 번째는 하루 종일 끊지 못하는 뉴스이다. 당신은 단지 새로운 정보를 업데이트하는 것이라고 믿을지도 모른다. 하지만 정치 뉴스, 사설, 스포츠 뉴스를 매일 3시간씩 들여다보고 있다면, 컴퓨터나 휴대전화를 방 안의 저 먼 곳으로 옮기고 싶은 마음이 들지도 모른다.

함정을 알려주는 경고 표시

자물쇠 상자, 온화한 무시, 혹은 희석 용량이 필요한 사람이나 상황을 알아볼 수 있는 몇 가지 확실한 징조가 있다. 가장 흔한 붉은 깃발의 경고는 다음과 같다.

골대를 옮기려는 사람들

당신의 방에 있는 몇몇 사람들은 만족을 모른다. 정확히 말하자면, 당신이 내면화한 그들의 목소리 중 일부는 절대 만족을 모른다. 당신 주변에는 성공의 순간에도 만족하지 않고 곧바로 다음 목표를 향해 나아가는 동료가 있을지도 모른다. 물론 비즈니스 세계에는 그런 사람도 필요하지만, 그들이 당신의 골대까지 함부로 옮기는 것을 가만히 지켜볼 것인가?

이러한 함정의 가장 명백한 형태는 당신이 앞서 동의했던 조건을 수정하는 사람일 것이다. 이런 함정과 관련해서는 보통 돈과 시간이 문제가 된다.

예컨대, 한 친구가 당신에게 한 달에 5시간만 내면 된다면서 위원회 활동을 부탁했다고 치자. 하지만 막상 그 일을 시작해보니 매달 15~20시간은 잡아먹는 역할이었다. 일을 맡긴 친구는 '하지만 하겠다고 했잖아'라고 말할 것이다. 이때 당신은 이렇게 답해야 한다. "나는 매달 5시간이라면 할 수 있다고 했어. 이 일에 더 많은 시간이 요구된다고 해서 나에게 그럴 만한 충분한 시간이 생기는 건 아냐."

지나치게 자신을 몰아붙이는 사례도 있는데, 이것을 '역완벽주의reverse perfectionism'라고 칭한다. 그것은 당신이 목표를 달성한 후 해냈다고 칭찬하고 축하하는 대신 '뭐, 별로 대단하지도 않았어'라고 말하는 내면의 목소리다. 때로는 불가능한 이상과 자기 자신을 비교하려는 충동으로 나타나기도 한다. 예컨대, 아인슈타인만큼 훌륭한 물리학자, 스티브 잡스만큼 뛰어난 기업가, 혹은 당신이 가장 좋아하는 연예인만큼 유명한 사람이 될 수 없다며 좌절하는 것이다. 이런 내면의 목소리가 들릴 때, 그 목소리를 받아 적고 스스로에게 질문해보자. 지금 골대를 옮기는 건 나 혼자만의 의지인가? 이 방 안에서 누가 나에게 그렇게 하라고 가르친 건 아닌가?

극단으로 치닫기

당신의 방에서 잘 설계된 함정 중 하나는 극단적인 생각이다. 당신이 "좋아, 나는 [사람 이름] 같은 사람은 절대, 다시는 내 방에 들이지 않을 거야!" 혹은 "[사람 이름] 같은 사람이라면 누구든 환영이고 평생 친하게 지낼 거야!"라고 생각한다면, 그것은 결국 심각한 실수로 이어질 것이다. 당신은 충분히 알아보지도 않고 누군가가 좋아 보인다는 이유로 방에 들이거나 누군가가 안 좋아 보인다는 이유로 밖으로 밀어내게 될 것이다.

당신은 인간이므로 실수를 하게 된다. 당신에게 유능한 문지기와 관리인이 필요한 이유는 그 실수를 고쳐 나가도록 돕기 위해서다. 다만 누군가를 방에 들이거나 가까이 다가오도록 허락하기 전에, 당신은 극단적 행동의 몇몇 형태를 미리 알아차릴 수 있다. 그 사례는 다음과 같다.

- **'너는 항상' 혹은 '너는 절대'라고 말하는 사람들** 이 사람들은 당신의 행동을 만화 캐릭터처럼 납작하게 압축시키고자 한다. 만화 〈톰과 제리〉에서 제리는 항상 달아나는 데 성공하고 톰은 절대 제리를 못 잡는다. 스머프와 가가멜도 그렇다. 하지만 현실에서 '항상'과 '절대'의 상황은 아주 드물다.

- **재앙을 떠올리는 사람들** 이 사람들은 자신에게 닥치는 모든 시련을 재앙으로 받아들이고, 모든 실수를 절체절명의 위기로 인식한다. 우리는 이런 사람들을 가엾게 여기는데, 그들은 과거의 트라우마로 인해 균형감각을 잃은 상태이기 때문이다. 예컨대, 학대를 일삼는 부모 밑에서 자란 일부 아이들은 모든 의견 충돌이 폭행으로 이어질 수 있다고 느낄지도 모른다. 극심한 가난 속에서 힘겹게 자란 사람은 재정적으로 조금만 어려워져도 지나치게 과장된 위기감을 느낄지도 모른다. 이런 사람들에게는 친절하게 대하고, 건강한

관계를 위해 그들에게 사소한 문제와 실질적인 재난을 구별해야 한다는 것을 알려주자.

• **상황을 축소하는 사람들** 이것은 '재앙을 떠올리는 사람들'의 정반대 형태이다. 이 사람들은 자신에게 벌어지는 일만 아니라면 삶의 시련을 별것 아닌 일로 받아들인다. 그들은 '네가 이렇게 한다면'이라는 말을 자주 한다. 예컨대 이런 식이다. "네가 직업을 바꾼다면 모든 문제가 해결될 거야." 하지만 대체로 삶은 그것보다 훨씬 복잡하다. 상황을 축소하는 사람들의 말을 너무 진지하게 받아들이지 않도록 경계하자. 당신의 관리인은 그들의 단순화된 처방과 관련하여 경계를 설정해야 할지도 모른다.

이러한 흑과 백, 모 아니면 도, 죽기 아니면 까무러치기 식의 극단성은 어떤 사람들에게는 충분한 동기부여가 된다. 가령 세계 정상급의 선수들과 경쟁해야 하는 올림픽 선수들이나 우주에 쏘아 올릴 로켓을 만드는 과학자들에게는 이런 자질이 필요한 순간도 있을 것이다. 혹은 자신의 학업이나 사업에 그야말로 사활을 걸고 있다는 사람들도 있다. 본인 인생을 자신이 생각한 대로 몰아붙일 그들의 권리를 부정하는 것이 아니다. 다만 그들의 기준을 당신과 당신의 방에까지 강요할 권리가 없다는 점을 기억해야 한다.

솔직한 대화를 미루지 마라
조니의 이야기 ②

스튜어트의 아내 조니 에머리는 가족과의 솔직한 대화에 관한 이야기를 들려준다.

나는 어릴 때 아버지 무릎에 앉아 책을 읽곤 했었는데, 읽다가 내가 실수를 하면 아버지는 멍청하다고 꾸짖었다. 한번은 나를 방구석으로 거의 집어 던진 적도 있다. 나는 상처를 입었고 그 이후 마음을 닫아버렸다. 어릴 적에는 훌륭한 딸이 되려고 뭐든 다 했다. 모든 사람이 나를 좋아할 수 있도록 노력하며 옳은 말과 옳은 행동을 했지만, 그러는 동안 나 자신을 죽여야 했다.

20여 년이 흘러 "내 방에는 누가 있는가?" 훈련을 많이 한 끝에, 나는 부모님 댁을 방문했다. 아버지는 내게 같이 하이킹을 가자고 했고, 나는 남편에게 말했다. "아버지와 하이킹을 갈 순 없어. 아버지와는 할 말이 없단 말이야. 정말 끔찍할 거야." 그때 남편은 이렇게 말했다. "최악의 상황이라고 해봤자 그냥 아버지와 이야기를 하지 않는 것뿐이야."

결국 나는 아버지와 하이킹을 떠났고 도중에 아버지에게 "얘기 좀 할 수 있을까요?"라고 물었다. 아버지는 그러라고 했다. 나는 어릴 때 아버지가 내게 어떤 말과 행동을 했는지 설명한 뒤 이렇게 말했다. "그때는 못 견디게 속상했어요. 아버지가 저를 무가치한 인간처럼 대하실 때 마음이 찢

어졌어요." 아버지는 나를 보며 말했다. "조니, 미안하다. 네 마음을 다치게 할 의도는 절대 없었어. 나와 내 아버지의 관계가 딱 그 정도였기 때문에, 그 이상으로 널 어떻게 대해야 할지 몰랐단다."

이 짧은 대화는 아버지와 나의 관계에 큰 영향을 미쳤다. 그때부터 부녀간의 치유의 과정이 시작되었다. 내가 방에 들어가면 늘 자리를 뜨던 아버지가 이후로 통화할 때마다 내게 '사랑한다'라고 했고 "언제 집에 내려올 거니?", "좀 더 있다 가면 안 되니?" 같은 말을 했다. 그건 아버지와 함께하는 완전히 새로운 경험의 시작이었다.

아버지에게 좀 더 일찍 말했더라면, 우리는 몇 년 전에 이미 그 대화를 나누고 많은 상처와 고통을 피할 수 있었을 것이다. 또한 내가 깨달은 한 가지는 그럼에도 늦지 않았다는 것이다. 그 대화 이후 우리는 기쁨과 웃음이 가득한 시간을 보냈기 때문이다.

기쁨과 함정의 타임라인

이러한 기쁨과 함정 중에서 당신의 마음을 울리는 것이 있다면, 그 내용을 공책에 적고 그것이 당신의 방에 미친 영향도 적어보자. 간단히 타임라인 형식으로 목록을 작성할 것을 제안한다. 유넌기부터의 시간을 페이지 왼쪽에 길게 작성해보자. '학창시절'과 '첫 직장' 등 시기별로 묶어도 좋고, 연도별로 작성해도 좋다. 다음으로, 이러한 시기 옆에 기쁨이나 함정, 혹은 양쪽 모두를 적고, 그때 벌어진 사건과 그 이유를 한두 문장으로 정리한다.

다음의 간단한 예시를 살펴보자.

시기	기쁨	함정
대학	• 레이놀즈 교수님: 음악을 사랑하도록 이끌어준 멘토 • 재즈를 발견: 데릭, 템피, 빌, 치키와 협업	• 클럽 활동에 지나치게 매진함 • 나에 대한 션의 가혹한 평가를 그대로 받아들임
첫 직장	• 급여 소득: 독립적인 인간이 된 기분	• 사람들의 비위를 맞추려고 애씀(지속적) • 동료들과의 잦은 사건사고
시카고로 이사	• 고향을 떠남: 더욱 독립적인 인간이 됨, 결정권이 커짐 • 아만다 같은 새 친구들	• 충동적으로 안 좋은 룸메이트를 선택함 • 독립하겠다는 결정을 너무 오래 미룸

시기는 당신이 원하는 만큼 세분화할 수도 있고, 동일한 인물이 기쁨과 함정 항목 모두에 들어갈 수도 있다. 시간을 들여서 천천히 작성해보자. 계속 작성하다 보면, 당신이 방에 들인 사람들이 끼친 긍정적이거나 부정적인 영향의 패턴이 드러날 것이다.

그들은 당신에게 어떤 영향을 미쳤는가? 그들은 당신의 웰빙에 영향을 주었던 스승, 부모, 형제자매, 첫사랑이나 옛 애인, 권위 있는 인물, 직장 상사 같은 인물일 수도 있다. 여기서 핵심은 당신이 그들의 행동, 신념, 태도를 어떻게 내면화했는지, 방에 있는 사람들이 여전히 어떤 영향을 미치는지 파악하는 것이다.

넌 괜찮지만 너의 프로젝트는 사양이야
스튜어트의 이야기

스튜어트는 친구의 부탁에 따뜻하게 응대하면서도 확실한 경계를 설정하는 이야기를 들려준다. 그조차도 이 행복한 결말에 놀랐다.

멜리사는 소중한 친구이다. 우리 부부에게 멜리사 같은 딸이 있었더라면 너무 행복했을 것 같다. 하지만 문제가 생겼다. 멜리사가 나에게 함께 스타트업 사업을 하자고 제안한 것이다.

멜리사는 매우 재능 있는 기업 경영진 코치이다. 워낙 실력이 출중해서 유명 컨설팅 회사의 고위 간부들을 코칭하고 있다. 그녀는 많은 사람들이 타인이 자신을 어떻게 생각하는지 모른 채 인생을 살아간다는 것을 발견했다. 그녀는 인생에서 지속적인 성공과 행복을 누리기 위해서는 그 출발선에 자기인식이 포함되어 있어야 한다고 믿는다. 따라서 웹 기반의 사업을 구상했는데, 그것은 수년간 알고 지낸 타인들의 평가를 기반으로 어떤 사람의 인격적 초상화를 그려볼 기회를 제공하는 사업이었다.

나는 그 사업에 동참할 수 없다고 몇 번 부드럽게 거절했다. 처음에는 새로운 사업을 시작하기에는 내 나이가 너무 많다고 말했다. 훌륭한 직업 코치인 멜리사는 내가 이 스타트업에 동참함으로써 늦었다고 생각할 때가 가장 이르다는 걸 사람들에게 보여줄 수 있다고 설득했다. 내가 사용한 다른 거절 전략도 먹히지 않았다. 그러다가 나는 내 방에 대한 개념을 접하게 되었다. 나는 멜리사에게 커피를 한잔하자는 문자를 보냈다.

그녀와 만났을 때 나는 내가 새로 접한 문지기와 "당신의 방에는 누가 있는가?"라는 질문에 대해 들려주었다. 그런 다음, 내가 생각했을 때 가장 멋진 부분으로 넘어갔다. 나는 내가 그녀를 딸처럼 아끼고 그녀는 늘 내 방에서 환영이라고 말했다. 하지만 그녀의 스타트업은 내 방에 들어오지 못했고, 앞으로 들어올 일도 없을 거라고 했다. 멜리사는 울기 시작했다. 다른 손님들이 쳐다볼 만큼 소리 내어 울진 않았지만, 나는 흐르는 눈물을 볼 수 있었다.

상황을 수습하기 위해 무슨 말을 해봐야 도움이 안 된다는 걸 나는 경험으로 알았다. 내가 기대했던 가장 멋진 부분이 실패로 돌아간 게 분명했으므로, 내가 할 수 있는 최선은 중립 기어를 넣고 그저 기다리는 것뿐이었다. 그다음에 일어난 일은 충격적이었다.

멜리사는 눈물을 흘리고 옅은 미소를 머금은 채, 실은 진짜 중요한 건 스타트업이 아니었다고 털어놓았다. 그녀는 그저 소중한 친구로 내 방에 들어와 있고 싶었고, 어떤 프로젝트를 들고 찾아와서 방문을 두드리지 않으면 절대 내 방으로 들어올 수 없으리라 생각했던 것이다.

나는 해피엔딩을 너무 좋아한다. 이 일을 계기로, 나의 문지기에게는 사람들이 내 방문을 두드릴 때 그들이 진짜 원하는 것이 무엇인지 제대로 파악하는 훈련이 필요하다는 것도 깨달았다.

당신의 문지기, 관리인, 방 안의 모든 것들은 때때로 미세조정과 재조정을 필요로 한다. 이것이 맞춤형 훈련이라는 걸 기억하자. 맞춤형 의상처럼 어떤 곳은 품을 늘리고 어떤 곳은 품을 줄여야 한다. 인생은 짧고 당신이 내쉬는 숨은 유한하다. 따라서 당신의 가치에 집중하는 것은 인생의 즐거움과 만족도에 영향을 미친다.

당신은 주기적으로 방을 청소하고 소독해야

한다. 다시 말해, 사람들이 가지고 들어오는

독성 폐기물의 일정 부분을 제거해야 한다.

9장

좋은 방에서
나쁜 일이 벌어질 때

당신이 진작 눈치 챘을 수도 있겠지만, 삶은 완벽하지 않다. 한번 방에 들어온 사람이 그 방을 영원히 떠나지 않을 것이란 사실은 마음을 불편하게 한다. 나의 가치와 어긋나는 사람들, 혹은 내가 잘못 판단한 사람들은 어떻게 처리해야 한단 말인가? 방 안의 몇몇 사람들은 이전보다 더 나쁜 상태로 바뀌었을지도 모른다. 현실을 직시하자. 가족은 어떤가? 오랜 친구는? 그들을 어떻게 처리해야 할까? 이 책을 읽는 동안, 이런 질문들이 마음 한 켠에 계속 아른거릴지도 모른다.

당신은 방 안의 코끼리처럼 부담스러운 이 사람들을 잘 길들여야 한다. 왜냐하면 당신의 인생에서 사라졌다고 생각되는 사람들도 여전히 당신의 머릿속에는 남아 있기 때문이다. 따라서 어려운 사람들을 관리하기 위한 전략이 필요하다. 앞서 당신의 관리인이 그런 사람들을 자물쇠 상자에 담아 선반 위로 치워버리는 방법을 살펴보았다. 하지만 이 아이디어가 마음에 든다고 하더라도, 당신의 삶 속에는 '음, 아무리 그래도……'라는 생각이 절로 드는 인물들이 있다. 아무리 그래도 명절마다 보는 사람들인데. 아무리 그래도 내 상사인데. 아무리 그래도 나에게 돈까지 빌려 준 사람인데. 아무리 그래도 내가 아끼는 동생의 배우자인데. 아무리 그래도 그 망나니는 내 동생인데. 사례는 한없이 많다.

9장은 외부 세력에 관한 이야기다. 그것은 당신이 밀어내야 한다는 생각을 하기도 전에 당신의 방에 들어온 사람들, 친분을 이용해 당신의 방을 제멋대로 조종하려는 사람들을 말한다. 이런 사람들을 처리하는 문제에 대해 모종의 저항감을 느끼는 건 당연하다. 하지만 당신의 방에 누가 있는지가 더욱 명확해짐에 따라 유해한 사람들을 먼 곳으로, 유익한 사람들을 가까운 곳으로 이동시키는 일이 쉬워진다.

가족부터 시작하기

가족은 당신의 방에 들어온 첫 번째 사람들이다. 여기서 가족이란 모든 종류의 가족을 말한다. 혈연으로 엮인 가족, 입양된 자녀가 있는 가족, 대가족 등 모두 포함된다. 산중의 수도원에서 자란 아이에게는 수도사들 혹은 수녀들로 구성된 가족이 있다. 바람기 많은 억만장자의 자녀에게는 의붓형제자매로 이루어진 가족이 있다. 어떤 형태이든 간에, 가족은 당신의 방에 처음으로 입장하는 사람들이다. 그들에게는 자신의 자리에 대한 관습적 권리가 인정된다.

그들은 당신의 방에 머물 특권을 지니고 있지만, 그들의 위치를 결정하는 건 당신이다. 가까이 둘 것인가, 멀리 둘 것인가, 혹은 자물쇠 상자 안이나 선반 위에 둘 것인가? 당신은 그들의 선택이 당신과의 관계에 어떤 영향을 미칠 것인지도 스스로 결정해야한다. "친구도 선택할 수 있고 파트너도 선택할 수 있지만, 가족은 선택할 수 없다"라는 말은 조금 더 넓은 범위로 확장되어야 한다. 당신은 배우자의 가족도 선택할 수 없다(그들은 배우자와 함께 딸려오는 부속품 같은 것이다). 하지만 그들이 머무를 장소와 조건을 정하는 것은 당신이다.

가족은 그 경계선이 언제라도 터질 수 있는 화약고나 마찬가지다. 대체로 동일한 기대를 품고 성장한 사람들의 집단이기 때문에 그 기대를 바꾸려는 시도는 금세 저항에 직면하게 된다. 당신은 의견 충돌을 받아들일 만한 공간을 확보하고 있는가? 당신이 어릴 때 배웠던 경계와는 다른 종류의 경계를 설정하는 법을 알고 있는가?

심리학의 가족체계이론family systems theory에 따르면, 개인은 감정적 요구, 기대, 신의, 문화 및 종교 같은 신념 체계, 공유된 역사, 다양한 연합으로 구성된 복잡한 체계의 참여자이다. 이 체계의 참여자는 청소년기와 성년기를 거치면서 자신을 차별화하고, 나머지 사람들은 그 변화에 반응한다. 그들은 때로는 익숙한 상황을 영속화한다. 예컨대, 늘 위기에 시달리며 성장한 가족은 그 난리법석에서 벗어나려는 가족 구성원을 상대로 긴장을 고조시키거나 또 다른 위기를 강요하는 방식으로 반응할지도 모른다.

어떤 가족 구성원이 당신과 너무 가까운 곳에 있다는 판단이 섰고 당신이 그들의 행동에 대해 경계를 설정했더라도, 그들이 하루아침에 바뀔 거라고 기대하지는 말자. 당신의 주장에 담긴 타당성조차 이해하지 못할 수도 있다. 그들이 어떤 반응을 보이든 간에, 당신이 한때 그들과 공유했던 체계를 무너뜨리는 중이므로 그들은 그 체계를 유지하려고 애쓰는 것이 아닌지 고민해보자. 또한 당신이 자신의 방을 재정비함으로써 이전까지 맡아왔던 상사, 보호자, 중재자, 패배자, '아빠가 가장 아끼는 딸' 같은 역할에서 벗어나고자 한다는 것도 기억하자.

가족 구성원들은 어떻게 당신의 발작 '버튼'과 그것을 누르는 방법까지 알고 있는 걸까? 답은 간단하다. 오래전 그 버튼을 설치한 것이 그들이기 때문이다. 당신은 어떤 역할을 부여받았고 그 역할에 순응하거나 저항하는 방식으로 반응했다. 가족은 구성원들에게 각자의 역할에 충실할 것을 요구하는 가족 서사를 생성하고 공유한다. 가족의 모습이 늘 그대로이길 원하는 사람들은 그 버튼을 눌러 구성원들이 자기 위치에 머물도록 한다. 그것이 죄책감이 됐든, 불효나 불충에 대한 비난이 됐든, 당신은 그 버튼을 잘 알아차리고 경계해야 한다. 다른 사람이 얼마나 세게 버튼을 누르든 간에 확고하게 경계 설정의 과정을 이어가야 한다.

이것은 방을 재정비하는 과정 중에서 고통스러운 부분이다. 방 안에서 누군가의 위치를 바꿔야만 한다는 깨달음이 찾아오고, 바뀐 환경에 적응하는 힘든 기간을 보낸 다음에, 비로소 모든 사람을 올바른 장소에 배치했다는 안도감과 해방감이 찾아온다. 오랫동안 신뢰를 쌓고 여러 사안을 공유해온 가족의 경우 중간의 적응기가 특히 더 고통스러울 수 있다.

다만 당신이 사랑하는 사람들과 당신 자신의 삶을 더 나은 방향으로 이끈다는 마음가짐으로 이 문제에 접근한다면 생각보다 순조롭게 해결될 가능성도 있다. 조정이 필요한 가족들에게 '방'의 개념을 설명하고, 당신이 하는 일이 당신 자신을 더 진실되고 여유로운 사람으로 만들어가는 과정이라고 설명하자. 진심을 담아 이렇게 말해보는 건 어떨까. "난 너를 사랑하고, 넌 앞으로도 영원히 내 가족(오빠/누나/아들/딸)일 거야. 내가 이 일을 하는 이유는 설령 우리가 만나는 횟수를 줄이더라도 함께할 때만큼은 잘 지내고 싶어서야."

방의 규칙 #10 갈등 관계의 중간에 끼어들지 않도록 주의하라

가족은 때때로 체계를 유지하기 위한 흔한 메커니즘, 이른바 '삼각측량triangulation'을 이용한다. 가령 A가 B와 갈등을 겪을 때 자신이 직접 대면을 통해 문제를 해결하지 못하고 C를 끌어들이는 것이다. 이런 상황이 잘 드러나는 구체적인 대화는 다음과 같다. "네가 나보다 조니랑 더 친하잖아. 그의 음주 습관에 대해 네가 한마디해주면 안 될까?", "엄마는 돈 문제에 대해선 불공평해. 특히 나한테는 더 그래. 하지만 내가 이런 말을 했다고 전하지는 마.", "매리언은 내 애인한테 왜 그렇게 적대적이래?"

삼각측량은 불편하거나 겁나거나 체면 차리고 싶은 마음에, 인간관계의 문제에 정면으로 대응하지 못하는 사람들을 위한 도구이다. 하지만 안타깝게도 이 방법은 거의 도움이 되지 않고, 중간에서 도움을 주려던 C에 대한 분노만 유발하는 경우가 많다.

삼각측량과 관련하여 당신이 설정해야 할 경계는 단순하다. 절대 거기에 관여하지 말라는 것이다. 대신, 사람들에게 갈등 대상과 직접 이야기 나누어야 한다고 말해줘야 한다. 그들의 문제가 당신의 경계를 침범하지 않을 경우, 그들이 직접 대화를 나눌 때 그 자리에 함께 있어주겠다고 제안할 수도 있다. 하지만 당신의 의견을 제시할 때에는 공정한 관점을 유지해야 한다.

때로는 공정한 방식으로 두 사람을 화해시키는 데 탁월한 능력을 지닌 사람이 두 가족 구성원 간의 갈등을 유심히 관찰한 후 도움의 손길을 내미는 경우도 있다. 이것은 '삼각측량'이 아니라 '중재'이다. 하지만 문제가 심각하다면, 가족 싸움에서 한 발짝 떨어져 있는 외부 전문가의 도움을 요청하는 것이 좋다.

그렇다고 해서 방 안의 가족 구성원들을 재정비하는 작업이 항상 부정적인 것은 아니다. 우선 누가 당신에게 가까운 곳에 있어야 하는지, 왜 지금은 가깝게 못 지내는지 고민해볼 것을 권한다. 가령 1년에 한 번 통화하는 언니가 떠오를지도 모른다. 자매간에 나이 터울이 크고 언니가 대학에 진학하면서 일찍 독립해 서로 서먹할 수도 있다. 지금이라도 언니가 당신의 방에서 더 가까운 곳에 있어야 한다고 느낀다면 오랜 습관을 뛰어넘어 더 자주 연락하는 쪽을 선택할 수 있다. 형부나 조카들에 대한 관심을 보이며 기회를 만드는 방법도 좋다. 누군가를 의도적으로 가까이 끌어당길 때 당신은 새로운 인간관계를 통해 삶을 풍요롭게 만들 수 있다.

가족 관계 개선을 위한 조치들을 떠올리면 두려운 마음부터 드는가? "오, 그런 얘기는 절대 못해!"라는 마음의 목소리가 들리는가? 좋은 소식이 있다. 당신의 방을 정비하는 작업은 평생에 걸친 작업이라는 것이다. 본인이나 타인이 순식간에 바뀔 거라고 기대하지 말자. 그럼에도 당신과 당신의 관리인이 자기 자신과 가족을 사랑하는 방향으로 계속 움직인다면 새로운 기회가 분명 나타날 것이다.

당신의 방은 모든 문제가 2시간 안에 깔끔하게 해결되는 영화 대본이 아니다. 가족 구성원을 더 가까운 곳으로 데려오고 싶다면 관계를 개선하기 위한 작은 행동에서부터 출발하자. 작은 시작을 원한다면 상대에게 '당신의 방에는 누가 있는가?'의 개념까지 설명할 필요는 없다. 멀리 사는 언니와 영상통화를 하면서 커피나 칵테일을 한잔하거나 언니의 말을 가만히 들어주는 것도 좋다. 사촌지간이지만 서로 얼굴도 모르고 지낸 당신의 자녀들과 조카들이 다음 여름에 만날 수 있는 자리를 마련해보는 건 어떨까? 전화를 걸어 "잘 지내?"라고 가볍게 안부를 묻는 것도 좋은 시작이다.

이처럼 애정에 기반한 행동은 '경계 설정'의 정반대 개념이자 긍정적인 버전이다. 일명 '상대방이 원한다면 가까이 다가올 수 있는 공간 내어주기'라고 할 수 있겠다.

자신의 방을 다스리는 법을 배운다면

본인 가족에게 너무 길들여진 사람은 문제의 근원을 파악하기 어려울 수 있다. 우리의 가까운 친구 중 한 사람은 자신의 전부인이 유해한 친정 식구들로 인한 피해를 깨닫고 행동을 취한 뒤에 어떤 긍정적인 변화를 겪었는지 들려준다.

전처는 나와 이혼한 후에 북동부에 살았다. 그녀는 몹시 힘들어했는데, 그건 필요 없는 사람들이 그녀의 방을 차지하고 있는 탓이기도 했다. 그녀의 부모님은 가족 문제에 대해 비이성적이었고 그녀를 홀대했다. 그들은 고통을 즐기는 성향이거나, 적어도 그 상황이 즐겁다고 생각했다. 특히 그녀의 언니는 내가 만난 사람 중 가장 사이코패스에 가까웠다.

하루는 내 딸이 엄마와 함께 외가쪽 친척 모임을 다녀왔다. 내 딸과 아들은 모두 학교 때문에 텍사스에서 지내고 있었다. 내 딸은 한동안 조용히 있다가 이렇게 말했다. "아빠, 저는 이제 겨우 스무 살이지만, 이제껏 아이린 이모 같은 사람은 한번도 못 봤어요. 이모는 좋은 점이라곤 눈 씻고 찾아볼 수가 없어요."

스무 살 난 아이가 상황을 그렇게 요약한다면 뭔가 조치를 취해야 한다. 나는 전처에게 전화를 걸어 말했다(우리는 친구처럼 잘 지내고 있다). "당신의 방에는 당신 인생을 완전히 망치고 있는 세 사람이 있어. 그들은 어머니, 아버지, 아이린이야." 그런 다음, 나는 그녀에게 방, 문지기, 관리인, 자물쇠 상자의 개념을 설명했다.

그렇게 시간이 조금 흘렀다. 전처는 텍사스로 이사를 왔다. 불완전한 형태이긴 하지만, 그녀의 방에서 가까운 위치에 있는 사람들, 즉 딸과 아들의 곁으로 말이다. 그렇게 1년이 흘러 전처는 우리 딸이 새로운 곳으로 이사 가는 것을 도왔다. 모녀는 며칠간 함께 지내며 즐거운 시간을 보냈다. 딸아이는 아주 놀라며 이렇게 말했다. "아빠, 엄마와 일주일을 보내는 동안 엄마는 예전처럼 저를 미치게 만들지 않았어요."

나는 "거기엔 다 이유가 있단다"라고 답했다. 그런 다음, 방의 개념을 설명했다. "네 엄마는 예전에는 결코 불가능했던 행복의 출발선 위에 서 있어. 그 덕분에 예전과 다르게 느끼고 행동할 수 있게 되었지. 자신에게 유해한 사람들을 그들에게 어울리는 장소로 옮겨버렸으니 방 안은 긍정적인 기운으로 가득하고 머리는 맑아졌단다. 그 결과, 긍정적인 상호작용에 굶주리는 대신 풍요로움을 기대할 수 있게 되었어. 네 엄마는 옳은 사람들을 가까이 두고, 옳지 않은 사람들을 멀리 두도록 방을 재배치한 거야."

전부인의 행동을 요약할 수 있는 표현이 있다. 바로 '지리적 치료geographical cure'이다. 이것은 당신이 스스로에게서 달아나는 상황에서는 효과가 없지만, 가까이 있으면 못 견디게 힘든 사람과 물리적 거리를 두는 상황에서는 효과적이다. 물론 3,000킬로미터 떨어진 곳으로 이사 가는 것처럼 극단적인 처방을 모두에게 추천하는 건 아니다. 하지만 때로는 그런 조치도 필요하다.

내 방의 영혼들
더그의 이야기

이 세상을 떠난 사람들도 여전히 당신의 방에 머문다. 더그는 오래전에 사라진 사람들과 어떤 식으로 계속 관계를 유지하는지에 관한 이야기를 들려준다.

나는 성당에 들어가면 촛불들이 놓인 곳으로 가서 헌금함에 동전을 넣고 초에 불을 붙인다. 그러고는 이 세상은 떠났지만 내 방에 남아 있는 사람들을 위해 짧은 기도를 한다. 나는 신자가 아니지만 유럽의 모든 훌륭한 성당들과 다른 지역의 교회들이 제공하는 기회에 대해 감사하게 생각한다. 실질적인 것이든 상상된 것이든 간에, 내가 영혼들로 둘러싸여 있다는 것을 재확인할 수 있는 기회 말이다. 그렇다고 영혼의 존재에 대한 확신이 있어야만 내 인생, 다시 말해 내 방에서의 그들의 지속적인 존재감이 정당화되는 것은 아니다.

나는 세상을 떠난 사람도 내 방의 어느 곳에 분명히 남아 있음을 떠올리는 기회를 가진다. 종종 집에서도 그런 시간을 가진다. 촛불을 켜고 내게 특별한 선물을 남긴 사람들에게 감사의 기도를 올리고, 내가 그들에게 저지른 잘못을 사과하고, 그들이 저지른 잘못을 용서한다고 말한다. 사랑한다고 말하고, 어딘지 모를 사후세계로 떠난 그들을 이제 놓아준다고 말한다. 하지만 내가 이 세상에 있는 한, 그들은 여전히 내 방에도 존재한다.

그중에는 나의 오랜 여자친구 조앤도 있다. 그녀는 나와 이별한 후 술을 끊고 장애인 관련 언론사에 취직했으며 젊은 나이에 암으로 사망했다. 더없이 마음씀씀이가 넉넉한 친구이자 내 결혼식에서 신랑 들러리까지 맡아준 JD도 있다. 그는 어느 아침에 쓰러져 다시는 깨어나지 못했다. 나의 롤모델이자 영웅, 육체가 무너지기 한참 전부터 알츠하이머로 기억을 잃은 나의 아버지도 있다. 늘 유쾌하고 영리한 여성이자 내 아버지와 함께 2차 대전 당시 미 육군에서 복무한 나의 어머니도 있다. '나의 사랑하는 죽은 이들'이라고 부를 만한 많은 사람이 내 방에 있다.

내 방에서 그들의 위치는 과거에 맺었던 관계, 그리고 그들이 내 삶에 가져오는 긍정적인 영향으로 인해 여전히 진행 중인 관계에 따라 달라진다. 내 어머니의 절친한 친구였던 루이스는 1950년대에 아주 성공적인 여성 사업가였는데, 내게 이렇게 말하곤 했다. "스스로가 한심하게 느껴진다면 나가서 다른 사람을 도와!" 한때 나의 상사이자 우락부락한 잡지 편집자였던 잭은 내가 유용하게 써먹고 있는 생생한 표현들을 전수해주었다. 나의 교회 친구 진은 매년 연례 모임에서 이렇게 말했다. "네가 이 지역사회의 구성원이라면 네 시간, 재능, 재산의 일부를 보탤 수 있어야 해."

나의 관리인은 이 영혼들을 내 방 안에서 약간 먼 곳으로 안내한다. 그들은 나와 가장 가까운 곳에 있지는 않지만, 새로운 시각이 필요할 때 내 곁으로 다가올 수 있다. 그들은 자신이 살았던 삶을 내게 보여주고, 내게 남은 숨을 최대한 잘 활용해야 한다는 사실을 상기시킨다.

당신의 방에도 청소가 필요하다

당신은 주기적으로 방을 청소하고 소독해야 한다. 다시 말해, 사람들이 가지고 들어오는 독성 폐기물의 일정 부분을 제거해야 한다는 뜻이다. 여기에는 그들이 방 안에 내려놓은 부채, 충돌하는 가치, 태도, 짐 가방 등이 포함된다. 설령 그들이 이미 선반 위, 자물쇠 상자 안으로 옮겨졌을지라도, 그들의 발자국은 크고 지저분한 흔적으로 남아 있다.

자연 불변의 법칙 중 하나는 모든 것이 변화하고 언제나 움직이는 상태라는 것이다. 가령 모든 건물은 완공 직후부터 붕괴의 과정을 겪기 시작한다. 시간이 흐르면 난방시설은 망가질 것이고, 지붕도 갈아야 할 것이고, 건물에는 금이 간다. 그것은 건물에 내재된 습성이다. 은유적인 의미이긴 하지만, 당신의 방도 지속적으로 변화하며 관성의 법칙과 중력의 영향을 받는다. 이는 당신의 문지기와 관리인이 절대 은퇴할 수 없다는 의미이다. 그들은 누군가가 당신의 방에 들어올 자격이 있는지, 방에 들어온 사람을 어디로 보내야 할지 언제든 판단할 준비가 되어 있다.

당신의 방은 10대 시절 이후 많이 바뀌었다. 물론 당신의 문지기는 많은 사람들을 방 안에 들였고, 그 사람들은 지난 세월 동안 당신과 더 가까워지거나 멀어지곤 했다. 변화는 불가피하다. 당신은 변화를 멈출 수 없지만, 의식적으로 변화의 방향을 트는 노력은 할 수 있다. 이것이 바로 이 책에서 말하고자 하는 '정기적인 방 청소'이다.

앞서 가족에 대해 많은 이야기를 했는데, 이는 가족이 당신 인생에 큰 영향을 미치기 때문이다. 이제는 좋은 방에서 나쁜 영향을 끼칠 수 있는 다른 인물들의 사례를 살펴보자.

- **나쁜 상사들** 앞서 안티멘토로서 나쁜 상사를 소개한 적이 있지만, 한번 더 반복하겠다. 살면서 나쁜 상사를 안 겪어본 사람은 거의 없기 때문이다. 단순히 무능하거나 갈피를 못 잡는 상사들, 혹은 이를 고루 갖춘 상사들이 있다. 대놓고 악의적이며 타인에게 어떤 피해를 주든 간에 자신이 집착하는 돈, 권력, 진급에 과도하게 몰입하는 상사들이 있는가 하면, 자신의 가족체계를 직장에 그대로 적용하는 상사들도 있다. 작가 조 핀스커Joe Pinsker는 '우리는 가족 같은 회사이다'라는 말에는 '우리는 너의 권리를 착취하고, 무조건적인 헌신을 강요하고, 너의 경계를 침범하고, 네가 회사보다 다른 것을 우선시하면 분개할 것이다'라는 속뜻이 담겨 있다고 말한다.
- **가짜들** 어떤 사람들은 우정이나 관심을 가장해 접근한 다음, 당신의 인맥을 착취하거나 당신에게 뭔가를 팔거나 당신을 도구로 이용하는 등의 속내를 나중에 드러낸다. 비즈니스 및 네트워크 단체들, 온라인 플랫폼들은 그런 사람들로 인해 피해를 입는 경우가 많다.

- **유해한 이웃들** 그들은 물리적으로 가까운 거리 탓에 다루기 힘든 상대이다. 그들이 법을 어기지 않는 한 당신이 취할 수 있는 실질적인 조치는 거의 없다. 친구 중 한 명은 몇 년간 골치 아픈 이웃과의 문제를 해결하려고 노력하다가 결국 높은 담장을 세웠다. 그 이웃은 전혀 달라지지 않았지만, 그를 방 안의 저 먼 곳으로 보냄으로써 상황은 나아졌다.

당신은 앞의 내용과 관련하여 자신의 방에 있는 사람들을 떠올려볼 수 있다. 3장에서 작성한 방 안의 사람들 목록으로 돌아가서 그들의 존재감에 대해 고민하고, 당신의 관리인에게 그들을 어떻게 처리해야 하는지에 관한 지시를 내려보자.

때로 역경은 스승이다

고대 그리스의 스토아 철학자들은 삶의 어려움에 관한 명언을 남겼다. 그들의 통찰력 넘치는 교훈 중 하나를 아주 간단히 요약하면 다음과 같다. 중요한 것은 당신에게 일어난 문제가 아니라, 그 문제를 바라보는 당신의 관점이다. 외부 세력은 당신의 통제 밖에 있지만, 당신이 어떻게 반응하느냐에 따라 절망감이 따라올 것인지, 해방감이 따라올 것인지가 결정된다. 불교를 비롯한 여타 고대 종교와 철학은 물론, 셰익스피어의 희곡에서도 이러한 견해가 확인된다. 햄릿은 "좋거나 나쁜 것은 없다, 단지 생각이 그렇게 만들 뿐"이라고 말했고, 동생에게 쫓겨난 공작은 "역경을 이용하는 것은 달콤하다"라고 말했다.

그 누구도 당신의 방을 떠날 수 없으므로, 각 인물에 대한 당신의 반응이 어떤 행동으로 이어졌는지 되짚어볼 충분한 기회가 존재한다. 당신이 어려움을 만날 때마다 '나처럼 불쌍한 사람이 있을까?'라고 생각한다면 어떻게 해야 그 반응을 바꿀 수 있을지 고민해보자. 어쩌면 최악의 역경이 최고의 스승이 될 수 있음을 깨닫게 될지도 모른다.

가장 큰 피해를 유발하는 사람들

이제 당신의 공책에는 방 안에 있는 많은 사람들의 이름, 긍정적인 사람들과 부정적인 사람들을 설명하는 내용이 적혀 있을 것이다. 만약 그렇지 않다면, 작성한 목록 중에서 가장 극단적인 사례부터 가장 덜 극단적인 사례 순서로 나열해보자. 그런 다음, 당신이 그들에 대해 아는 부분, 그들과의 관계, 그들이 방 안에서 속한 위치를 자세히 적어보자.

이 훈련을 흥미롭게 진행할 수 있는 한 가지 방법은 양극단을 오가는 것이다. 당신과 최악의 관계를 맺고 있는 가족은 누구인가? 반대로 최고의 관계를 맺고 있는 가족은 누구인가? 그들은 각각 가족체계 안에서 어떤 역할을 맡고 있는가? 그들이 동일한 체계 내에서 완전히 다른 태도나 견해를 유지하는 것을 알게 되면 놀랄지도 모른다. 그것이 알려주는 교훈은 무엇인가?

직장이나 사업과 관련하여 동일한 훈련을 반복해보자. 우선 최악의 관계와 최고의 관계를 목록으로 작성한다. 어떤 면에서 그들은 비슷한가? 그들은 당신의 방에서 서로 멀리 떨어져 있는가, 아니면 둘 다 당신과 가까이 있는가? 어떻게 하면 한쪽을 상대로는 경계를 긋고, 다른 한쪽은 좀 더 가까이 데려올 수 있을까?

방 안의 모든 사람이 스승이다
신시아의 이야기

신시아 제임스Cynthia James는 의지가 강한 흑인 여성으로, 폭력과 학대로 얼룩진 어린 시절을 딛고 일어나 목사와 선교사로 활동했다. 그녀는

《당신을 자유롭게 해주는 것What Will Set You Free》, 《당신의 특별한 본질 드러내기Revealing Your Extraordinary Essence》, 《나는 나를 선택한다I Choose Me》 같은 책의 저자이다.

'당신의 방에는 누가 있는가?'라는 개념을 처음 접했을 때, 나는 집중할 수밖에 없었다. 온몸이 떨려왔다. 나는 내면의 서류철을 검토하기 시작했다. 내가 사랑하며 내 방에 들어와 있는 많은 사람을 떠올리고, 내가 좀 더 제정신이었다면 애초에 내 방에 초대하지 않았을 사람도 떠올렸다. 그러다가 '그들은 모두 내 스승이었다'라는 생각이 떠올랐다. 다음으로 더 강력한 생각이 이어졌다. '이 모든 삶의 교훈을 전부 그렇게 힘든 방식으로 배워야만 했을까?' 와우! 얼마나 강력한 깨달음인가. 나는 난리법석, 배신, 아픔, 고통을 유발하지 않는 사람들을 내 방에 스승으로 초대할 수도 있었다.

잠깐 보충 설명을 하고 넘어가겠다. 나는 '양육'과는 거리가 먼 유년기를 보냈다. 그건 폭력, 혼란, 투쟁, 위기의 연속이었다. 할머니, 어머니, 이모, 삼촌, 사촌들이 모두 그런 인생을 살았으므로 그게 당연해 보였다. 다른 종류의 인생이나 대안은 떠오르지 않았다. 나의 학창시절은 다양한 감정적 폭발로 가득했다. 어릴 때 이사를 자주 다녀서 친구를 사귀는 것도 어려웠다.

내가 기억하는 첫 친구라고 할 만한 인물은 버니스다. 그 애는 옆집에 살았고 서로의 집에 자주 놀러갔다. 나는 친구를 너무 사귀고 싶었으므로 버니스의 모든 요구에 응했다. 나는 최악의 방식으로 그녀의 방 안에 들어가고 싶어 했다.

그 애는 거들먹거리고 비열하고 잔인했다. 하루는 학교에서 버니스가 내게 화를 낸 적이 있다. 우리는 겨울 추위가 혹독한 미네소타에 살았다. 그날은 기온이 영하로 떨어졌다. 버니스는 내 코트를 빼앗아 달아났고 나는 덜덜 떨며 1.5킬로미터를 걸어갔다. 집에 도착했을 때 온몸이 꽁꽁 얼어 있었고 머리끝까지 화가 났다.

나는 그 애 집으로 가서 문을 두드렸다. 버니스가 문을 열자 온 힘을 다해 그 애의 얼굴로 주먹을 날렸다. 버니스는 코피가 났고, 비명을 지르며 집 안으로 달아났다. 나는 나 자신을 위해 당당히 맞선 것을 자랑스럽게 여기며 집으로 돌아갔다. 지금에 와서 그날의 사건을 돌이켜보면 나는 인생에서 긴 시간을 그런 식으로 살았다. 어떤 사람들을 방으로 초대하고, 그들이 나를 함부로 대하도록 내버려두었다가, 어느 순간에 신물이 나서 강렬한 사건을 일으키는 식으로 말이다.

인생 초반의 학대와 트라우마가 나에게 낮은 자존감, 의심, 두려움에 기반한 사고의 씨앗을 심은 것이다. 버니스는 절망에 허우적대던 내가 나의 인생으로 초대한 사람들 중 한 명에 불과했다. 나는 사랑받고 인정받고 이해받고자 하는 욕구가 아주 강했다. 그러면서 자꾸 나에게 못되게 구는 사람들을 찾아다니고 끌어당겼다. 흥미로운 점은 내가 선택한 모든 사람이 나의 유년기를 반영한다는 것이다. 20대에 접어들어 나는 삶이 잘 풀리지 않는다는 것을 깨닫기 시작했다. 이처럼 꼬인 인생에 내 책임도 있다는 건 알았지만, 어떻게 문제를 풀어야 할지 갈피를 잡을 수 없었다. 그렇게 계속 좌충우돌하던 중에 자기계발 워크숍을 찾아가게 되었다.

워크숍의 리더는 이렇게 말했다. "여러분의 삶 속에 있는 모든 것은 여러분이 마땅히 받아야 한다고 믿는 것을 그대로 반영합니다." 나는 어이가 없었다. 어떻게 그럴 수 있단 말인가? 내가 사람들에게 배신당하고 모욕당하고 조종당하기를 바라기라도 했단 말인가? 그의 말은 사실일 리 없었다. 워크숍이 끝난 뒤, 나는 그 사람에게 다가가 이런 생각을 털어놓았다. 그는 친절한 표정으로 물었다. "혹시 힘든 유년기를 보냈나요?" 나는 '그렇다'라고 답했다. 그는 나를 똑바로 보면서 말했다. "어쩌면 유년기 경험으로 인해 당신은 나쁜 일을 예상하도록 학습되었고, 당신의 가족들이 무의식적인 스승 역할을 했던 것 같군요."

온몸에 소름이 돋았다. 그의 말에 담긴 진실을 이해할 수 있었다. 바로 그 순간, 자아 발견을 위한 위대한 여정과 오랜 상처를 치유하겠다는 조용한 결심이 시작되었다. 나는 나 자신을 사랑하는 법과 어린 시절 꿈꾸던 삶을 사는 법을 배우기로 마음먹었다.

이것이 쉬운 여정이었으며, 그 깨달음의 순간 이후 내 삶이 단번에 바뀌었다고 말할 수 있다면 얼마나 좋을까. 하지만 실상은 전혀 그렇지 않았다. 나는 몇 년간 심리치료를 받고, 세미나에 참석하고, 영적인 탐색을 하고, 시끄러운 사건에 휘말렸다. 개구리가 왕자라는 헛된 생각을 품고 계속 입맞춤을 해댔다. 잘못된 선택으로 끊임없이 이용당하고 오해받는 상황을 만들었다. 내 삶의 힘든 일들을 두고 계속 남 탓을 했다.

좋은 소식은 이러한 과정을 거치는 동안 내가 슬슬 정신을 차렸다는 것이다. 나는 나에게 생긴 일은 다른 누구의 탓도 아니라는 것을 깨닫기 시작했다. 그 고통스러운 경험은 내게 무엇이 진짜 필요한지 고민하지 않고 무분별하게 사람들을 내 방으로 불러들인 결과였다. 매 순간 나는 이전보다 더 빨리 정신을 차렸고, 이 사람들이나 사건들이 나의 자아 인식과 내가 대접받아야 한다고 믿는 방식을 반영한다는 것을 알아차렸다. 또 나는 '아니요'라고 말해도 괜찮다는 것과 내가 원하는 삶의 방식을 선택할 수 있다는 것을 이해하기 시작했다. 사람들이 나에게 못되게 군다고 불평하면서 나 자신도 스스로를 그렇게 대하는 경우가 많다는 것을 알게 되었다.

내가 유년기에 겪은 고통을 그 누구도 겪지 않기를 바라지만, 그때의 아픈 경험과 교훈은 내가 오늘날 여러 사람과 함께하는 작업에 큰 도움이 되고 있다. 이제 나는 내 세계로 들어오는 사람들을 신중하게 선택한다. 당신의 방으로 들어온 사람은 영원히 그곳에 남게 된다. 내 인생의 길에서 스쳤던 모든 사람은 여전히 나와 함께 있다. 그들 중 일부는 여전히 물리적으로 가까운 곳에 있다. 우리는 함께 성장하고 조금 더 의식적인 존재가 되기 위해 서로를 돕는다. 각자의 인생 교훈을 통해 나에게서 서서히 멀어진 사람도 있다. 또한 어긋난 관계에서 이제 벗어나고 싶어 내가 먼저 거리를 두기 시작한 사람, 혹은 나에게서 그만 멀어져 달라고 부탁한 사람도 있다.

지나간 관계가 우리를 시험에 들게 한다는 말을 믿지 않는다. 하지만 이러한 관계가 우리 안에 계속 살고 있고 우리의 선택을 상기시켜준다고 믿는다. 우리 삶과 기억 속에서 그들의 존재는 우리가 현재 어떤 삶을 선택하는지에 영향을 준다.

오늘날, 나는 내 삶을 아주 감사하게 받아들이고 매 순간을 소중히 여긴다. 나는 직관의 목소리에 귀 기울이고 본능을 믿는 법을 배웠다. 현재 나의 방은 활력과 생동감이 넘친다. 그곳은 성장하기 위해 노력하고, 변화의 주체가 되고자 하고, 늘 자신과 타인을 사랑하는 사람들로 가득하다. 내 곁에는 다정한 남편이 있고 우리는 건강한 관계를 맺고 있다. 늘 의견이 일치하는 건 아니지만, 서로에 대한 존중과 신뢰가 나날이 커지고 있다. 내 안에는 한때 내 곁에 있었지만 더는 필요하지 않은 사람들과 상황들을 위한 '감사의 방'이 있다. 하지만 오해는 하지 마시라. 그 방은 잠겨 있고, 그 열쇠는 내 손에 쥐여 있다.

당신의 방이 제대로 기능하고 균형 잡힌 상태일 때, 그것보다 더 조용하고 사적인 공간은 없다. 이것이 가능한 이유는 당신이 방에서 현재 벌어지고 있거나 과거에 벌어졌던 나쁜 일을 당당히 마주한 덕분인 경우가 많다. 신시아는 의지, 자기인식, 자신에 대한 솔직함, 평생에 걸친 꾸준한 노력이 어떻게 더 나은 방을 만들었는지에 관한 좋은 사례를 제공한다.

당신은 자신에게 기쁨과 흥분을 가져오는 일,
열정을 쏟을 수 있는 일을 해야 한다. 당신의
불꽃을 인정하는 동시에 본인 역시 불꽃처럼
뜨거운 사람들로 주변을 가득 채워야 한다.

10장

밀랍이 아닌
불꽃 속에서 살기

"당신의 방에는 누가 있는가?"라는 질문의 힘은 이러한 생각을 차차 자신의 것으로 만듦으로써 당신이 원하는 미래를 만들기 위한 사람들과 생각들을 방 안으로 불러들이는 데 집중하게 된다는 것이다. 문지기와 관리인은 당신이 매일 어디에 관심을 쏟을지 선택하게 된다는 사실을 알려주는, 단순하지만 강력한 존재들이다. 앞에서 만난 제닌의 질문을 다시 떠올려보자. "당신은 자신에게 남아 있는 숨을 가지고 무엇을 할 것인가?"

당신의 방에 있지만 그다지 도움이 되지 않는 사람들에게 자신의 힘을 넘겨줄 수도 있다. 당신과 가치관이 어긋나는 사람들, 또한 무엇이 되고자 하는지, 누구를 사랑할 것인지, 어떻게 행동할 것인지에 관한 당신의 결정권을 인정하지 않는 사람들 말이다. 이것은 보통 사소하고 점진적인 방식으로 진행된다. 모종의 승인, 돈, 권력을 얻기 위해 당신의 진정성을 조금씩 포기하는 방식으로 말이다.

반대로, 당신은 진실되고 상호적인 삶을 선택할 수도 있다. 사랑, 직장, 가치 있는 조언, 돈 등 무엇이 되었든 당신에게 도움이 될 만한 것을 제공할 수 있는 사람을 가까이 끌어들일 수 있다. 유해한 사람들을 친절하게, 혹은 별로 친절하지 않게 자물쇠 상자에 담아 선반에 올려놓음으로써 당신의 몸과 마음과 영혼을 살찌우는 사람들을 위한 더 넓은 공간을 마련할 수 있다.

항상 당신과 의견이 일치하는 사람들만 주변에 둘 필요는 없다. 때로는 서로 다른 배경이나 견해를 가진 타인과의 인간관계가 가장 충만하게 느껴진다. 그 관계가 제대로 작동하는 이유는 상호존중과 우정에 기반하기 때문이다. 마찬가지로 이 책의 모든 말에 동의할 필요는 없지만, 이 책을 쓰고 수천 명의 사람들에게 '방'의 개념을 설명하는 것은 그들이 스스로 원하는 삶을 선택할 권리를 존중하기 때문이다.

이 책은 '방'에 관한 단순한 은유와 함께, 당신의 힘을 되찾아오는 것에 관한 내용이다. 자신의 결정을 스스로 책임지고 자신의 가치를 존중하는 것에 관한 내용이다. 긍정적인 요소에 더 넓은 공간을 부여하고, 부정적인 요소에 더 좁은 공간을 할애하는 것에 관한 내용이다.

지금까지 한 이야기의 요점을 잘 보여주는 일화가 있다. 한 젊은 지식인이 산 속 깊은 곳에 있는 지혜로운 스승을 찾아갔다. 그는 스승에게 실재實在와 정신에 관해 질문했고, 새로운 질문을 던질 때마다 자신이 그 주제에 관해 공부한 내용을 덧붙였다. 스승은 몇 시간을 참을성 있게 듣고 나서 '차를 마시자'라고 말했다. 하인이 아름다운 다기를 가져왔고, 스승은 말없이 차를 부었다. 곧 잔이 가득 찼지만, 그는 멈추지 않고 계속 부었다. 탁자 위로 차가 넘쳤다. 스승은 아랑곳하지 않고 계속 차를 부었다. 제자는 벌떡 일어나 소리쳤다. "그만하세요, 찻잔이 가득 찬 거 안 보이십니까? 차가 다 흘렀잖아요!" 스승은 말했다. "그렇네, 자네의 정신도 가득 찼어. 우선 그것부터 비워내야 하네."

당신이 공간을 만든다는 것은 바로 그런 의미이다. 당신의 은유적인 방은 무한할 수 있지만, 당신의 삶은 그렇지 않다. 아무도 그 방을 떠나지 않으므로 당신이 원하지 않는 요소들을 자물쇠 상자에 담아 선반 위에 수납해야만 당신에게 유익한 기존의 인간관계와 다가올 인간관계를 위한 공간을 마련할 수 있다.

불꽃 속에서 살아가는 삶

아이반은 종종 삶을 개선하기 위한 가장 간단한 방법이 무엇인지에 관한 질문을 받는다. 그때 그는 '방'에 관한 이야기는 물론 균형의 오류에 관해 들려준다. 그런 다음, 그는 사람들에게 "밀랍 속이 아니라 불꽃 속에서 살아야 한다"라고 조언한다. 사람들은 자신의 삶이 불꽃에 있는지, 밀랍에 위치해 있는지 곧바로 이해한다.

자신의 불꽃 속에서 살아간다면 인생이 신이 난다. 당신은 자신이 하는 일을 너무도 사랑한다. 사람들은 당신의 목소리를 통해, 당신의 행동을 통해 그 사실을 쉽게 눈치 챌 수 있다. 당신이 자신의 불꽃 속에서 살 수 있는 공간을 마련해야 한다. 당신은 자신에게 기쁨과 흥분을 가져오는 일, 열정을 쏟을 수 있는 일을 해야 한다. 당신의 불꽃을 인정하는 동시에 본인 역시 불꽃처럼 뜨거운 사람들로 주변을 가득 채워야 한다. 자신의 불꽃 속에 산다는 건 바로 그런 의미이다.

당신은 밀랍 속에서 살아가는 인생도 금방 알아차릴 수 있다. 바로 이렇게 말할 때다. "아, 출근해야 돼. 내가 하는 일이 너무 싫어. 다 지긋지긋해. 내가 만나는 사람들은 죄다 나에게서 에너지를 빼앗아가." 밀랍형 인간들로 주변을 가득 채우는 건 쉬운 일이다. 당신이 자신의 밀랍 속에 있을 때, 당신은 그것이 너무 싫어서 계속 불평한다. 하지만 당신의 열정, 믿음, 사랑의 열기로 그 밀랍을 모두 녹여버리기 전까지는 아무것도 바뀌지 않는다.

아이반은 그 밀랍이 얼마나 단순한 개념인지 사례를 통해 설명한다. 그는 사업 초반에 자신의 밀랍 중 하나가 회계라는 것을 알게 되었다. 그는 회계를 혐오했다. 재무상태표를 가까스로 이해할 수는 있었지만, 그냥 그게 싫었다. 그래서 사업 초기에 고용한 직원 중 한 명이 바로 회계 담당자였다. 그 직원은 자신의 불꽃이 회계라고 했다.

하루는 회계 담당자가 아이반에게 와서 말했다. "장부가 맞지 않아요." 아이반이 뭔가 큰 문제가 생긴 게 분명하다고 생각하던 찰나, 직원이 덧붙였다. "5센트가 모자라요." 그 직원은 2시간을 노력한 끝에 결국 사라진 5센트의 행방을 파악했다. 한 친구는 아이반에게, 직원이 그렇게 많은 시간을 낭비한 것에 대해 질책하지 않았냐고 물었다. 아이반은 말했다. "그게 무슨 말이야? 그 직원은 그 업무의 적임자야! 5센트에 그렇게 집요하게 매달린 건, 그게 자신의 불꽃이기 때문이라고!"

인생과 커리어의 초반에는 늘 자신의 불꽃 속에 살 수 없다. 그렇기 때문에 자기계발이 중요하다. 아이반은 경영 컨설턴트로 출발하여 나중에는 글로벌 기업을 운영하는 사업가로 거듭났다. 스튜어트는 여러 회사를 설립했고, 대기업의 컨설턴트로 일했고, 여러 책을 썼고, 성공적인 마케팅 캠페인을 추진했다. 더그는 도서 출판사에서 잡지사로, 이후 50대 규모의 인터넷 기업으로 이직했고, 46세에 전업 작가로 거듭났다.

시간이 흐르면서 당신은 자신의 밀랍보다는 불꽃 속에서 사는 법을 배우게 된다. 당신의 방을 관리하는 것은 그러한 방향으로 나아가기 위한 한 방법이다. 당신은 숙달과 성취감을 가져오는 활동에 집중할 수 있는 공간을 마련함으로써 훈련과 연습을 위한 시간을 얻게 된다.

위대한 첼리스트 파블로 카잘스Pablo Casals는 70대에 접어들어, 왜 여전히 매일 4시간씩 연습을 하느냐는 질문을 받았다. 그는 이렇게 대답했다. "여전히 발전하고 있다고 느끼기 때문이죠."

행복과 성취감은 다르다

수년 동안 행복과 성취감에 대해 강연하고 책을 쓴 후에 알게 된 사실이 있다. 행복이 인간의 자연스러운 상태라고 말하는 사람들은 뭔가 착각하고 있다는 것이다. 이것은 인간잠재력운동에서 흔히 통용되는 생각이며 미디어에서도 여전히 지지를 받고 있다. 하지만 진화생물학자들은 부정적인 감정이 긍정적인 감정보다 더 강력한 동기부여 요인이라고 말한다. 부정적 감정이란 배고픔이나 추위처럼 육체적인 것일 수도 있고, 공포처럼 감정적인 것일 수도 있다. 불교에서 말하는 '고품'처럼 영적인 것일 수도 있는데, 이는 종종 '고통'이라고 번역되지만 더 정확히 설명하자면 '만족스럽지 않은 상태'에 가깝다. 다시 정리하자면, 인간은 자신이 처한 상황을 개선하도록 유전적으로 설계되어 있다. 우리는 배고 플 때 음식을 찾고, 추울 때 온기를 찾고, 겁에 질렸을 때 안전한 곳을 찾는다.

행복은 어떠한가? 우리는 행복도 추구한다. 하지만 행복은 금 방 사라진다. 얼마 지나지 않아 또 다른 욕망이 생길 것이고 우리 는 불만을 느끼며 다시 만족을 찾기 시작할 것이다. 행복을 추구 하는 것은 본질적으로 잘못된 일이 아니다. 문제는 대부분의 사 람들이 행복을 영구적인 상태로 여긴다는 것이다.

오히려 당신에게 추구하기를 권하는 상태는 성취감이다. 즉, 당 신의 기술, 가치, 행동, 상황, 믿음 등 자신의 모든 것을 최대한 활용 할 줄 아는 것이다. 당신의 불꽃 속에서 그 모든 걸 이용하는 것이 다. 바로 그때, 성취감은 물론 행복의 원천을 발견하게 될 것이다.

내 아들의 방에 머물기
아이반의 이야기 ②

조화로운 삶을 구축하기 위해서는 당신의 방에서 가장 중요한 관계에 관심을 기울일 줄 알아야 한다. 이것은 단순히 누군가와 함께 시간을 보내 는 것을 의미하진 않는다. 당신이 그들과 시간을 보내는 방식, 그들의 행복 에 대한 당신의 관심이 함께 보내는 시간의 총량보다 더 중요하다.

나는 항공사 마일리지가 230만 마일이나 되고, 그건 달까지 5번 왕복할 수 있는 거리이다. 나는 내 아이들이 자랄 당시 출장을 많이 다녔다. 일과 가정 사이에서의 균형이 깨진 생활이었지만, 일과 가족을 비롯해 내가 아끼는 것들에 비슷한 수준의 관심을 쏟는 조화로운 삶을 살기 위해 노력했다.

아들이 열일곱이 된 어느 날, 우리는 커다란 TV 앞에 앉아 게임을 하고 있었다. 나는 불현듯 아들에게 물었다. "얘야, 너 어릴 때 아빠가 네 옆에 충분히 있었니?" 아들은 화면에서 눈을 떼고 나를 보더니 말했다. "아빠는 늘 옆에 있었잖아요!" 나는 말했다. "네가 눈치 못 챘을 수도 있는데, 실은 격주마다 최소 3, 4일은 출장을 다녔어. 일주일씩 갈 때도 있었고." 아들은 말했다. "네, 저도 알아요." 그러더니 덧붙였다. "대신 집에 있을 땐 온전히 집에 있었잖아요."

누군가의 방 안에 있으려면 이렇게 있어야 한다.

균형이 아니라 조화를 추구하라

당신이 대부분의 사람과 비슷하다면 이따금, 혹은 종종 더 나은 삶의 균형에 관한 생각을 할 것이다. 정신없이 복잡한 기술사회에서 균형은 많은 사람들의 지속적인 관심사이다. 균형을 얻기 위한 비결을 알고 싶은가? 여기 답이 있다. 균형에 대해 잊어버려라. 그건 허상이다. 균형은 우리가 모든 것, 혹은 우리 삶의 대부분의 영역에 똑같은 시간을 쏟을 때 얻어진다. 그것은 모든 것이 똑같고 완벽한 대칭을 이룬 양팔저울의 이미지이다. 균형의 개념은 우리가 삶에서 중요한 모든 항목들에 대해서 각각 동일한 시간을 할애할 수 있어야 한다는 것을 암시한다.

문제는 대다수 사람들에게 이것이 불가능한 목표라는 점이다. 우리는 복잡하고 바쁜 삶을 살고 있으므로, 이 모든 요소를 일정표에 욱여넣는 건 거의 불가능한 일이다. 하지만 좋은 소식이 있다. 당신이 자신의 방을 정돈하면서 추구해야 할 것은 균형이 아니라 조화라는 점이다.

이것은 말장난이 아니라 인생을 바라보는 다른 관점을 의미한다. 인생에서 완벽한 균형은 불가능하더라도, 당신의 가치관, 자아상, 목표 등과 조화를 이루는 삶은 가능하다. 조화의 익숙한 상징인 '음'과 '양'조차도 따로 떼어놓고 보면 균형이 무너진 형태이다. '음'과 '양'을 분리해서 땅에 내려놓으면 균형이 깨진 상태라서 한쪽으로 기울어진다. 하지만 합치면 조화를 이룬다(그림 10-1).

여기서 핵심은 완벽한 균형에 대한 강박을 버리되 조금 더 신중하게 결정하고, 일과 오락, 가족 등 당신이 원하는 충만한 인생의 모든 요소에 대한 스스로의 역량을 관리하는 것이다. 심리학자들과 치료사들은 인식awareness에 치유 효과가 있다는 데 대체

[그림 10-1] 조화의 대표적인 상징인 음과 양

로 동의한다. 따라서 당신에게 깊은 만족감을 안겨주는 사람과 활동을 제대로 인식하지 못한다면 당신의 방 안에서 조화는 요원한 목표가 될 가능성이 크다.

당신의 방에 조화를 가져오기 위해 조용히 앉아 있을 수 있는 장소를 찾아보자. 종이와 펜을 준비하자. 가볍게 눈을 감고 본인의 들숨과 날숨에 주의를 기울여보는 것도 도움이 된다. 그런 다음 당신이 인생에서 가장 살아 있다고 느꼈던 순간, 자신의 불꽃속에 있다고 느꼈던 순간이 언제인지 떠올려보자. 자신에게 이질문들을 던져보자.

• 내가 시간 가는 줄 모르고 즐거워할 때는 언제인가?

- 내가 가장 살아 있다고 느끼는 순간은 무엇을 할 때인가? 누구와 함께할 때인가?
- 내가 가장 기대하는 일은 무엇인가?
- 나에게 성취감과 만족감을 주는 것은 무엇인가?
- 스스로 가장 자랑스러울 때는 언제였나? 혼자일 때였나, 아니면 누군가와 함께일 때였나?

여기서 목표는 간단하다. 당신의 인생에 생동감, 만족감, 혹은 성취감을 주는 사람, 활동, 프로젝트들을 파악하는 것이다.

이 훈련을 한 단계 더 발전시켜보자. 당신에게 살아 있음을 느끼게 해주는 각각의 활동을 한 문단으로 정리해보는 것이다. 그것은 어떤 모습인가? 각각의 활동을 최대한 생생하게 묘사하고 그것을 더 충만하게, 더 자주 경험한다면 어떤 기분일지 생각해보자.

당신은 자신이 발견한 내용에 놀랄지도 모른다. 한 친구는 자신의 방을 관리하기 시작한 뒤 자신의 심장을 뛰게 하는 것은 비행기를 타고 이국적인 장소로 떠나는 호화로운 데이트가 아니란 걸 깨달았다. 그녀에게 살아 있음을 느끼게 하는 건 지금은 남편이 된 소방관과의 진중하고 의미 있는 관계였다. 중요한 건 겉으로 보이는 화려함이 아니라 관계 그 자체였다.

당신의 방과 인생을 바꿀 힘

당신의 방에 누구를 들일 것인지 신중히 선택하는 것과 더불어, 보다 조화로운 방을 만들기 위해 필요한 몇 가지 기술을 소개하겠다. 이 간단한 전략들은 당신의 방과 인생을 바꿀 힘을 지니고 있다. 하지만 그런 일이 실제로 벌어지게 하려면 먼저 행동을 취해야 한다. 이 내용들을 잘 보이는 곳에 적어두고 당신의 삶의 일부가 될 때까지 매일 들여다보자. 이 책의 여러 부분에서 이러한 전략들을 소개한 바 있다. 다음은 최고의 훈련들을 간략하게 정리한 목록이다.

지금, 여기에 머물기

'지금, 여기에 머물기'라는 단순한 주문은 조화로운 삶을 만들어내는 데 큰 역할을 할 것이다. 어디에 있든 간에 그곳에 머무르자. 당신이 일을 하고 있다면 전날 가족과 시간을 보내지 못한 것, 배우자나 파트너에게 반드시 해줘야 하는 것에 대한 생각은 접어두자. 당신이 집에 있다면 회사에서 해야 하는 일에 대한 생각은 하지 말자. 어디에 있든 간에 그곳에 완전하고 온전하게 머무르자.

창의적으로 시간 활용하기

반드시 마무리해야 하는 대형 프로젝트를 맡고 있는데 가족과도 시간을 보내고 싶다면 창의력을 발휘해야 한다. 가령 가족들이 자는 시간을 이용해 자신의 첫 책을 쓴 사람이 있다. 그는 저녁 시간을 가족과 보내고 모두가 잠이 든 후에 1시간씩 글을 썼다. 결국 가족과의 시간을 하나도 포기하지 않으면서 책을 완성한 것이다. 또한 아이가 낮잠에 빠지자마자 곧바로 육아 모드에서 업무 모드로 전환하는 부모들도 있다. 당신에게 조화를 안겨주는 소중한 사람들과 시간을 보내는 동시에 해야 할 일도 마칠 방법을 찾기 위해 창의력과 기발함을 발휘해보자. 그리고 많은 작업과 프로젝트에는 마감 시한이 있다는 것을 기억하자. 당신이 원하지 않을 경우, 항상 이런 종류의 창의력에 기댈 필요는 없다.

삶의 요소들을 통합하기

수년 동안 아이반은 호수 근처 별장에서 몇 주씩 원격근무를 하곤 했다. 그는 근무시간에는 업무를 보는 대신 가족들과는 휴가를 온 것처럼 의미 있는 시간을 보냈다. 때로는 직원들과 관리팀을 초대해 일을 하면서 짧은 휴가를 즐길 수 있도록 배려했다. 이것은 업무와 레저 환경을 통합하는 좋은 방법이었다. 그는 호수 근처 별장에서 지내는 시간 중 마지막 1주 정도는 일에서 완전히 손을 떼고 가족들에게 집중하는 시간을 가졌다.

결코 당신이 휴가 중에도 일을 해야 한다고 말하는 게 아니다. 단지 때때로 의식적으로 여러 활동들을 통합함으로써 당신의 방을 더 조화롭게 만들 수 있다는 것이다. 현실적인 가능성이 보일 때마다 삶의 여러 요소들을 통합할 방법을 찾아보자. 그것도 의식적으로 찾아보자.

놓기와 붙잡기를 연습하기

일반적인 믿음과 달리, 우리는 원하는 것을 모두 다 가질 수는 없다. 불행하게도, 인생에는 선택이 따른다. '아니요'라고 말해야 하는 순간이 있음을 이해하고 그것을 놓아주자. 동시에, 당신의 인생에서 진짜 중요한 것이 무엇인지 떠올리고 온힘을 다해 그것을 붙잡자.

여백 만들기

현시대의 삶은 믿기 힘들 정도로 분주하다. 가만히 내버려둔다면 당신의 방에 들어온 사람들이 당신의 모든 시간을 차지할 것이다. 따라서 삶에서 여백을 만들어내는 일이 중요하다. 일상에서 여백을 마련해 자유 시간, 가족과의 시간, 개인 시간을 갖자. 스튜어트는 저녁마다 아내와 와인을 마시는 시간을 갖는다. 와인 한 잔을 들고 베란다에 앉아 그날 하루 있었던 일을 이야기하는 것이다. 그 여백이 무엇이 되었든 간에, 미리 스케줄을 잡아두지 않는 이상 여백은 저절로 생기지 않는다. 단언컨대, 여백이 있는 삶이 더 행복한 삶이다. 휴식 일정을 미리 잡아두자.

경계를 강제하기

장담컨대, 당신이 인생에서 원하는 경계들을 스스로 강제하지는 않을 것이다. 설상가상으로, 당신이 그러한 경계들을 타인에게 알리지도 않을 것이라고 거의 확신한다. 당신에게 문지기와 관리인이 필요한 이유는 방에 있는 사람들에게 당신의 경계가 무엇인지 알리고, 그것을 철저히 지키기 위해서다. 그 경계에 대해 사과하지 말자. 또 사람들이 그 경계를 침범했다고 분개하지 말자. 어째서일까? 그들이 경계를 침범하는 건 불가피한 일이기 때문이다. 당신의 경계에 대해 정중하되 명확하게 선언하고, 단호하게 버티면 된다. 한번 시도해보길 바란다. 당신의 문지기와 관리인은 당신이 꿈에 그리던 방을 만들어낼 권한을 얻게 될 것이다.

가상 멘토들을 위한 공간 만들기

당신이 현재의 가치 혹은 열망적 가치를 실천하지 않는 한, 조화를 얻는 것은 불가능하다. 방 안의 가상 멘토들은 당신이 열망적 가치를 실현할 수 있도록 돕는다. 피와 살을 가진 멘토들도 훌륭하지만 그들만으로는 부족할 때도 있다. 평생교육을 지지하는 사람에게 조화로운 방이라면 개인적, 직업적 성장을 위한 공간이 있어야 한다고 믿는다. 때로는 이미 방 안에 들어와 있는 사람들, 방 안에 들어오기 위해 대기하고 있는 사람들을 넘어서서 가상 멘토들에게 조언을 구해야 한다. 특히 당신의 열망적 목표 및 가치와 연관이 있는 멘토들 말이다.

가상 멘토는 직접 대면할 수 있는 환경 바깥에 있는 사람을 말한다. 그들은 책, 팟캐스트, 블로그, 온라인 플랫폼 등에서 만날 수 있다. 당신의 여러 가치 중 어느 것이 열망적인 종류인지 생각해보자. 그런 다음, 그러한 가치를 반영하는 삶에 한 발짝 다가가기 위해 필요한 사람이나 필요한 요소가 무엇인지 적어볼 것을 권한다. 특정한 지식이나 기술, 혹은 인물이 될 수도 있다. 이러한 성찰 과정은 당신이 원하는 바를 성취하도록 도와줄 가상 멘토들을 파악할 수 있게 한다. 당신의 방에 있는, 실존하는 멘토를 대체할 수 있는 건 없다. 하지만 가상 멘토들도 그 방의 설계에 기여할 수 있으며, 이 멘토들은 지금 당장은 상상조차 힘든 방식으로 당신에게 큰 영향을 미칠 것이다.

조화로운 삶의 본질적 의미는 당신이 이 활동 대신 저 활동, 이 사람 대신 저 사람을 선택하는 과정에 느끼는 죄책감에서 해방되는 것이다. 죄책감은 조화로 가는 길의 걸림돌이다. 죄책감을 상자에 고이 담아 방 안에서 가장 높은 선반 위로 치워버리자.

'방'의 개념은 무의식적인 의사결정에서 의식적인 의사결정으로의 이행과 관련이 있다. 이 책에서 이제껏 제공한 것은 당신이 의식적으로 원하는 삶을 살아갈 수 있도록 사고방식을 재설정하기 위한 틀이다. 이를 통해 살아지는 대로 사는 것이 아니라, 조화로운 삶이 가능해진다.

당신은 일흔 살이 되었을 때 하기 싫은 일을 더 많이 하지 않은 것이나 함께하기 싫은 사람과 더 많이 어울리지 않은 것을 후회하지는 않을 것이다. 손에 닿지 않는 균형에 집착하는 대신, 당신의 방을 조화롭게 만드는 데 집중하자. 창의성을 발휘하자. 당신과 당신의 삶에 잘 적용될 수 있는 아이디어를 찾자. 시간을 내고 혁신을 추구하자. 균형은 손에 넣기 어려울지 몰라도 조화는 가능하다. 조화를 구하는 곳에서 조화가 생겨난다.

'당신의 방에는 누가 있는가?'라는 생각은 당신에게 성취감을 위한 공간을 허락한다. 앞에서 방 안의 유해한 사람들에 관해 자세히 다룬 것은 너무 많은 공간을 차지하는 그들부터 정리해야 하기 때문이다. 나쁜 인간관계를 먼 곳으로 보낼 때, 좋은 인간관계에 더 많은 시간과 관심을 쏟을 여유가 생긴다. 방 안에 누구를, 언제, 왜 들이는지에 관해 기준이 바로 섰을 때, 당신을 필요로 하고 사랑하는 사람들과 더욱 가까워질 수 있다.

거기에는 당신 자신도 포함된다.

기억하자, 당신이 바로 그 방의 큐레이터라는 것을.

당신의 방을 다시 한번 둘러보라

➜ 이제 마지막 훈련이다. 당신의 방을 다시 한번 머릿속에 그려보자. 최대한 선명한 이미지를 떠올리고, 그 안에 있는 자기 자신의 모습도 떠올려보자. 당신이 원한다면 그 방을 그림으로 그리거나 그 방의 물리적 특징을 문장으로 작성해도 좋다. 아무것도 없는 텅 빈 방, 해변, 협곡 등 무엇을 떠올려도 좋지만, 입구는 하나뿐이다.

당신의 방은 시간이 흐르면서 외형이 바뀔지도 모른다. 하지만 입구에는 여전히 '출구 없음'이라는 표지판이 붙어 있다는 걸 명심하자. 이 책의 여러 제안, 훈련, 사례를 접하는 동안, 당신의 방이 어떤 식으로 바뀌었는지도 주목하자. 그 방 안에서 당신이 새로 취하는 자세나 행동도 머릿속에 떠올려보자. 그 방 안에 있는 기분은 어떤가? 그 기분을 나침반 삼아 당신 인생의 곳곳에 더 거대한 조화를 불러오자.

당신의 방에 아무나 들이지 마라

2023년 10월 25일 초판 1쇄 | 2023년 11월 10일 7쇄 발행

지은이 스튜어트 에머리, 아이반 마이즈너, 더그 하디 **옮긴이** 신봉아
펴낸이 박시형, 최세현

책임편집 강소라 **디자인** 정은예
마케팅 권금숙, 양근모, 양봉호 **온라인홍보팀** 신하은, 현나래, 최혜빈
디지털콘텐츠 김명래, 최은정, 김혜정 **해외기획** 우정민, 배혜림
경영지원 홍성택, 강신우 **제작** 이진영
펴낸곳 (주)쌤앤파커스 **출판신고** 2006년 9월 25일 제406-2006-000210호
주소 서울시 마포구 월드컵북로 396 누리꿈스퀘어 비즈니스타워 18층
전화 02-6712-9800 **팩스** 02-6712-9810 **메일** info@smpk.kr

쌤앤파커스(Sam&Parkers)는 독자 여러분의 책에 관한 아이디어와 원고 투고를 설레는 마음으로 기다리고 있습니다. 책으로 엮기를 원하는 아이디어가 있으신 분은 메일 book@smpk.kr로 간단한 개요와 취지, 연락처 등을 보내주세요. 머뭇거리지 말고 문을 두드리세요. 길이 열립니다.